Impressum
Verlag: BABADADA GmbH, Nedderfeld 112 , 22529 Hamburg
Geschäftsführer / Verlagsleitung: Harald Hof
Druck: Books on Demand GmbH, In de Tarpen 42, 22848 Norderstedt

Imprint
Publisher: BABADADA GmbH, Nedderfeld 112 , 22529 Hamburg, Germany
Managing Director / Publishing direction: Harald Hof
Print: Books on Demand GmbH, In de Tarpen 42, 22848 Norderstedt

duɗal

shule

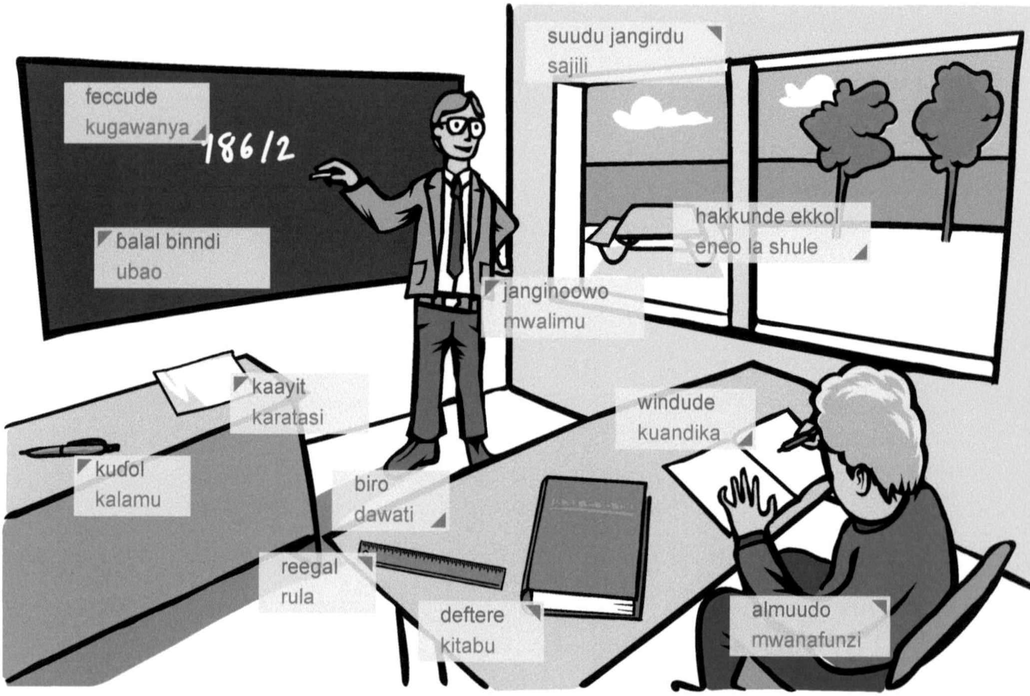

suudu jangirdu
sajili
feccude
kugawanya
186/2
ɓalal binndi
ubao
hakkunde ekkol
eneo la shule
janginoowo
mwalimu
kaayit
karatasi
windude
kuandika
kuɗol
kalamu
biro
dawati
reegal
rula
deftere
kitabu
almuudo
mwanafunzi

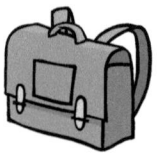

kartaabal
mkoba

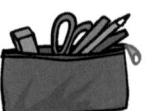

moftirdo kereyonji
kikasha cha penseli

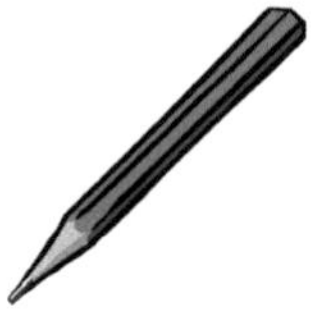

kereyo
penseli

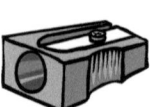

ceeɓnirgel kereyon
kichonga penseli

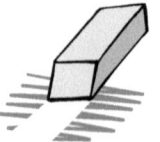

momtirgel
mpira

alluwal ciifirgal
pedi ya kuchora

ciifgol

uchoraji

limsere pentirteeɗo

brashi ya rangi

suwo pentirɗo

sanduku la rangi

sisooji

mkasi

ɗakkorgal

gundi

deftere ekkorgal

daftari

golle jannde

kazi ya nyumbani

niimara

nambari

beydude

jumlisha

ustude

ondoa

ɓeydude keeweendi

zidisha

qimaade

kokotoa

ɓataake

barua

karfeeje

alfabeti

kongol

neno

bindol

maandishi

jangude

kusoma

bindirgal

chaki

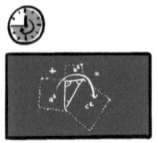

darsu

somo

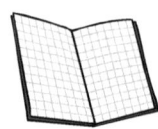

winditaade

sajili

egsame

uchunguzi

sartifika

cheti

comcol duɗal

sare za shule

janŋde

elimu

ansikolopedi

elezo

duɗal jaaɓi haɗtirde

chuo kikuu

mikoroskop

darubini

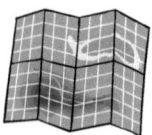

kartal

ramani

suwo kurjut

kikapu cha kuweka karatasi
chafu

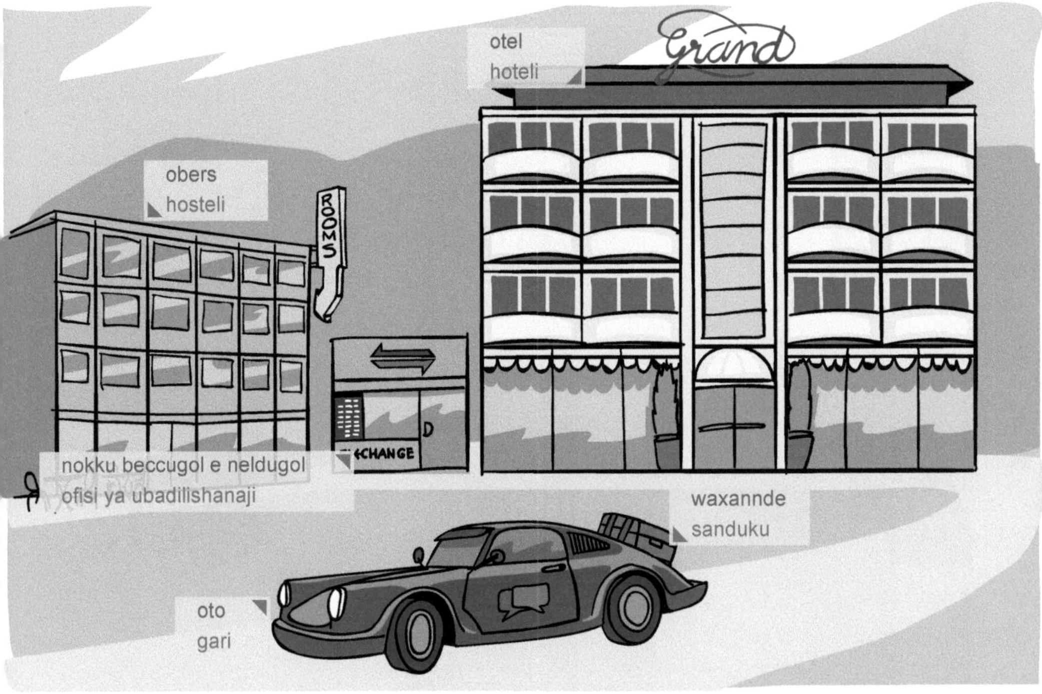

otel
hoteli

obers
hosteli

nokku beccugol e neldugol
ofisi ya ubadilishanaji

waxannde
sanduku

oto
gari

ɗemngal

lugha

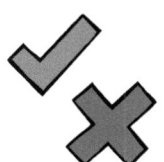

Eey / ala

ndiyo / la

Moyƴi

sawa

mbaɗɗa

hujambo

pirtoowo

mtafsiri

A jaraama

Asante

no foti...?

kiasi gani ni ...?

Mi faamaani

Sielewi

hanmi

tatizo

Jam hiri!

Jioni njema!

Jam waali!

Habari za asubuhi!

Mbaalen e jam!

Usiku mwema!

ñande woɗnde

kwa heri

laawol

mwelekeo

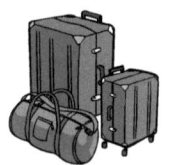

bagaas

mizigo

saawdu

mfuko

saawdu wambateendu

shanta

koɗo

mgeni

suudu

chumba

njegenaaw

begi la kulalia

caalel ladde

hema

kabaruuji tuurist

taarifa ya utalii

tufnde

ufuo

kartal banke

kadi

kacitaari

kifunguakinywa

bottaari

chakula cha mchana

hiraande

chakula cha jioni

biye

tiketi

suutde

kuinua

tampon

muhuri

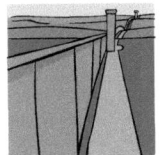

keerol

mpaka

duwaan

mila

ambasad

ubalozi

wiisa

visa

paaspoor

pasipoti

taraspoor
usafiri

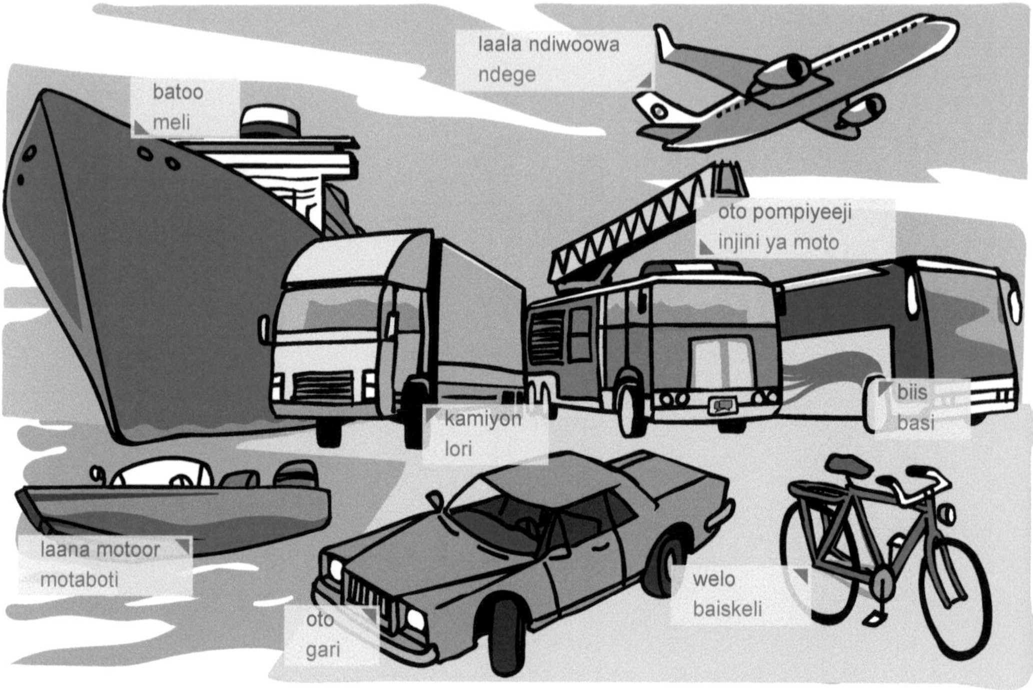
laala ndiwoowa
ndege
batoo
meli
oto pompiyeeji
injini ya moto
kamiyon
lori
biis
basi
laana motoor
motaboti
welo
baiskeli
oto
gari

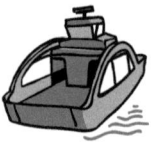

batoo
feri

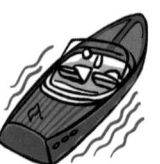

laana
mashua

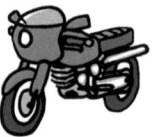

welo
pikipiki

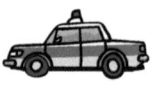

oto polis
gari la polisi

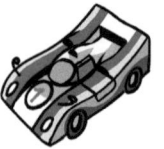

oto dogirteeɗo
gari la mashindano

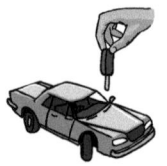

oto luwateeɗo
gari la kukodisha

dendugol oto

kushiriki gari

oto dandoowo goɗɗo

lori la kuvuta

oto kurjut

ukusanyaji taka

motoor

motor

karbiran

mafuta

nokku esaans

kituo cha mafuta

tintinooje yaangarta

ishara trafiki

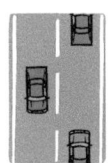

yaa ngarta

trafiki

jiiɓo yaa ngarta

msongamano

dingiral otooji

maegesho

dingiral laana leydi

kituo cha treni

laaɓi

reli

laana leydi

garimoshi

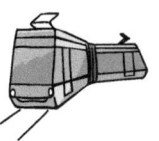

laana ndegoowa

tremu

saret

gari la mizigo

elikopteer
helikopta

ayrepoor
uwanja wa ndege

tuur
mnara

wonɓe e laana
abiria

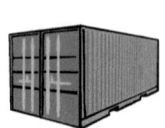

konteneer
chombo

karton
katoni

duñirgel kaake
mkokoteni

basket
kikapu

diwde / juuraade
ondoka

wuro mowngu
jiji

wuro
kijiji

hakkunde wuru wowngo
katikati ya jiji

galle
nyumba

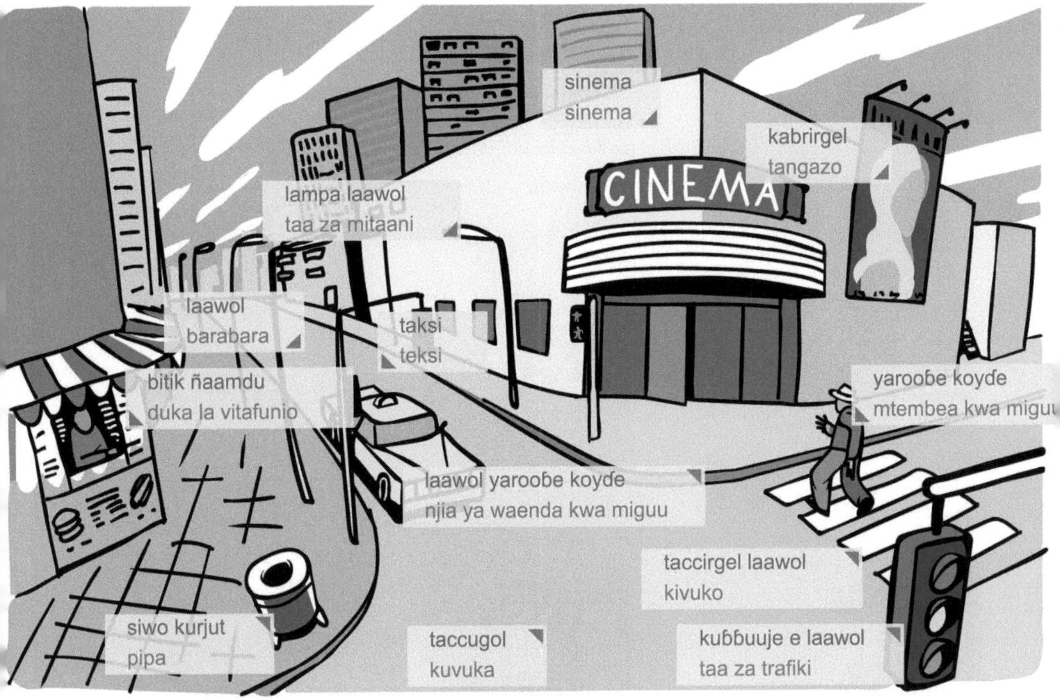

sinema
sinema
kabrirgel
tangazo
CINEMA
lampa laawol
taa za mitaani
laawol
barabara
taksi
teksi
bitik ñaamdu
duka la vitafunio
yarooɓe koyɗe
mtembea kwa migu
laawol yarooɓe koyɗe
njia ya waenda kwa miguu
taccirgel laawol
kivuko
siwo kurjut
pipa
taccugol
kuvuka
kuɓɓuuje e laawol
taa za trafiki

tiba

kibanda

ko foti

gorofa

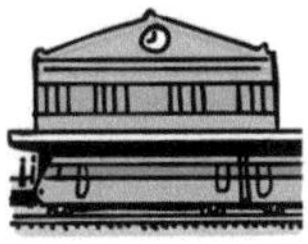

dingiral laana leydi

kituo cha treni

meeri

ukumbi wa mji

MUSEUM

miise

Makavazi

duɗal

shule

duɗal jaaɓi haɗtirde

chuo kikuu

banke

benki

suudu safirdu

hospitali

otel

hoteli

farmasi

duka la dawa

gollirgal

ofisi

suudu defte

duka la kitabu

bitik

duka

jeyoowo fuloraaji

duka la maua

sipermarse

dukakuu

jeere

soko

madase mawɗo

idara ya kuhifadhi

jeyoowo liɗɗi

mwuza samaki

nokku coodateeɗo

kituo cha ununuzi

poor

bandari

park
Hifadhi

jooɗorgal
benki

taccirgal
daraja

ŋabbirɗe
vidato

laawol metero
chini ya ardhi

laawul les leydi
handaki

fongo biis
kituo cha mabasi

baar
bar

restora
mgahawa

buwaat postaal
sanduku la posta

lewñowel laawol
ishara ya barabara

to otooji ndaroto
mita ya maegesho

nokku kullon
bustani ya wanyama

pisin
kidimbwi cha kuogelea

jama
msikiti

ngesa
shamba

gakkingol hendu
uchafuzi

bammule
makaburini

egiliis
kanisa

dingiral
uwanja wa michezo

tampl
hekalu

yiyande taariinde
mazingira

baramlefol
jani

tugayal tintinirgal
ishara ya mwelekeo

laawol
njia

Huɗo sukkuko
malisho

haayre
jiwe

ŋayloowo
mtembeaji wa masafa

lekki
mti

maayo
mto

huɗo
nyasi

fuloor
ua

nokku kaañe mawɗe to
ndiyam dogata
bonde

waande
kilima

weedu
ziwa

ladde
msitu

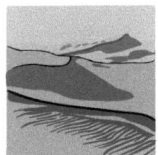

ladde yoornde
jangwa

wolkan
volkano

satoo
ngome

timtimol
upinde wa mvua

sampiñon
uyoga

leki palm
mtende

ɓowngu
mbu

diwde
kuruka

njabala
chungu

mbuubu ñaak
nyuki

njabala
buibui

hoowoyre keppoore

mende

faabru

chura

doomburu ladde

kuchakuro

sammunde

nungunungu

fowru

sungura

pubbuɓal

bundi

colel

ndege

kakeleewal ladde

swan

mbabba tugal

nguruwe mwitu

lella

kulungu

Nagge nde gallaɗi cate

aina ya kongoni

baraas

bwawa

masiŋel battowel hendu
jeynge

tabo ya upepo

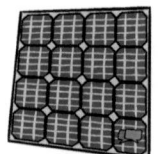

Lowowel nguleeki

nishaji ya jua

kilima

hali ya hewa

restora
mgahawa

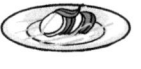

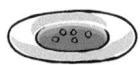

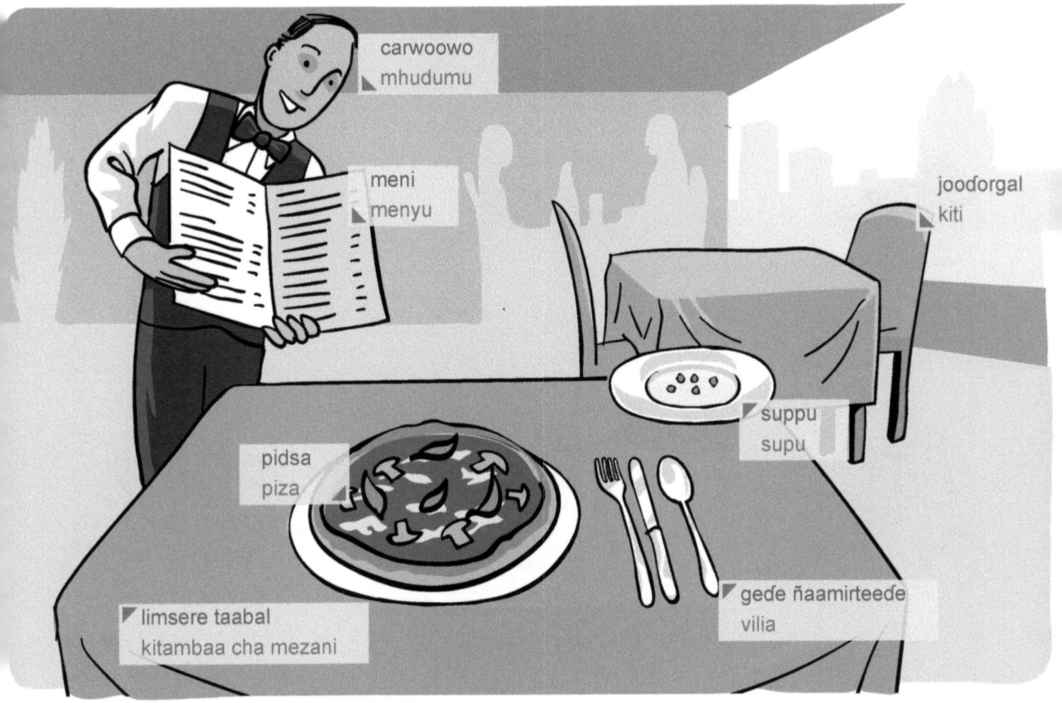

carwoowo
mhudumu
meni
menyu
joodorgal
kiti
suppu
supu
pidsa
piza
limsere taabal
kitambaa cha mezani
geɗe ñaamirteeɗe
vilia

tongitirgel

kiamsha hamu

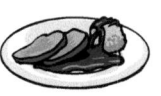

ñaamdu nguraandi

kozi kuu

tuftorogol

kitindamlo

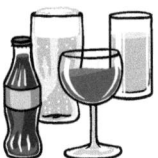

njaram

vinywaji

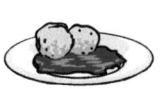

ñaamdu

chakula

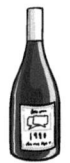

butel

chupa

fast fud

chakula cha haraka

ñaamdu laawol

Streetfood

baraade

buli

cupayel suukara

kisanduku cha sukari

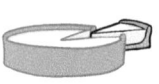

geɗel

sehemu

Masinŋ kafe

mashine ya espresso

jooɗorgal toowngal

kiti kirefu

biye

muswada

ñorgo

trei

paaka

kisu

furset

uma

kuddu

kijiko

nokkere kuddu

kijiko cha chai

sarbet

nepi

weer

glasi

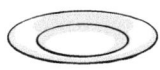

palaat

sahani

palaat suppu

sahani ya supu

cupayel

sufuria

soos

mchuzi

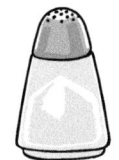

pot lamɗam

kichanyaji chumvi

moññirgal poobar

kinu cha pilipili

bineegara

siki

nebam

mafuta

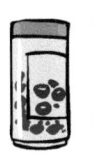

kaaɗnooje

viungo

ketsap

kechapu

muttard

haradali

mayonees

kachumbari nzito

sipermarse
dukakuu

ngustugul coggu
ofa maalum
FOR
kiliyaan
mteja
kosameeje
maziwa
ɓikkon leɗɗe
matunda
daasirgel
toroli

BUTCHERS

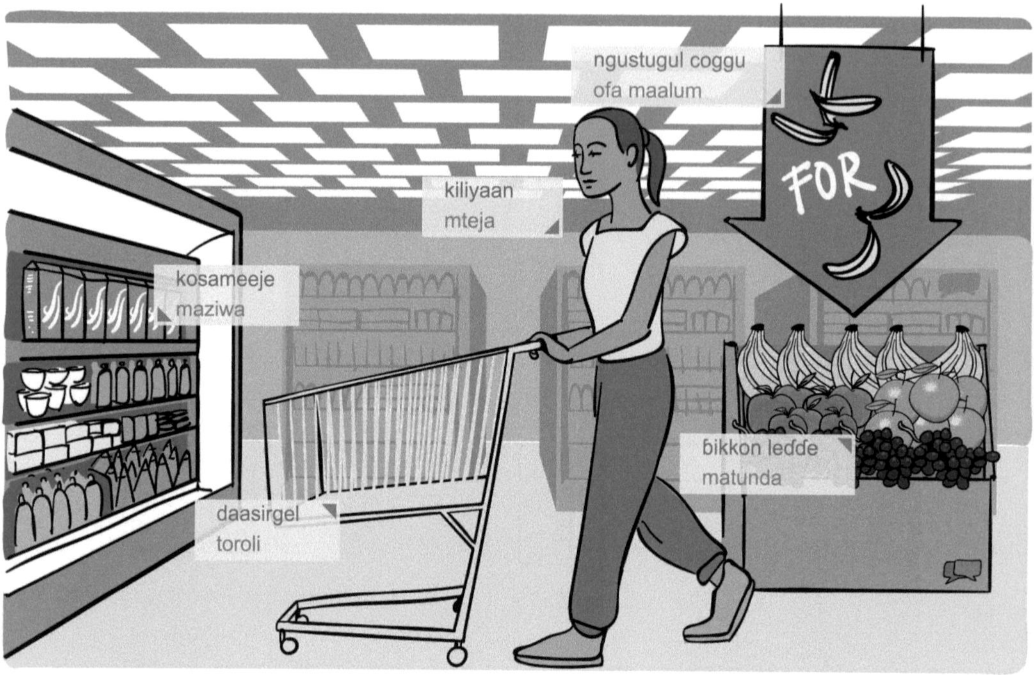

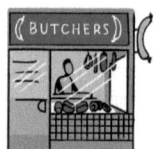

jeyoowo teew nagge

mchinjaji

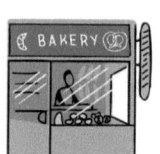

BAKERY

juɗoowo mburu

mwokaji

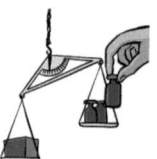

ɓetde

uzito

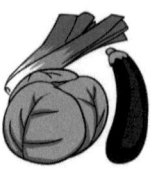

lijim

mboga

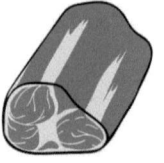

teew

nyama

ñaamdu ɓumnaandu

chakula waliohifadhiwa

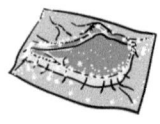

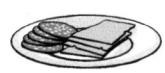

teew moftaaɗo

vipande vya nyama baridi

ñaamdu nder buwat

chakula cha kopo

condi lawyirteendu

sabuni ya unga

bonboonji

pipi

geɗe ngurdaaɗe

bidhaa za kaya

porodiwiiji laaɓnirni

bidhaa za kusafisha

julaaajo

mtu mauzo

haa

mpaka

kestotooɗo

keshia

limto coodateeɗi

orodha ya manunuzi

waktuuji golle

masaa ya ufunguzi

kalbe

mkoba

kartal banke

kadi

saak

mfuko

saak dalli

mfuko wa plastiki

ndiyam

maji

njaram

sharubati

kosam

maziwa

ŷulmere

coke

sangara

mvinyo

sangara

bia

sangara

pombe

kakao

kakao

ataaya

chai

kafe

kahawa

kafe jon jooni

spreso

kafe italinaaɓe

kapuchino

banaana

ndizi

pom

tufaha

oraas

machungwa

dende

tikiti

limonŋ

lemon

karot

karoti

laay

kitunguu saumu

lekki bambu

mianzi

basalle

kitunguu

sampiñon

uyoga

gerte

karanga

espageti

nudo

espageti

spageti

maaro

mpunga

salaat

saladi

firit

vibanzi

faatat cahaaɗo

viazi vya kukaanga

pidsa

piza

amburgeer

hambaga

sandiwis

sandwichi

buhal baddangal e lijim

kipande

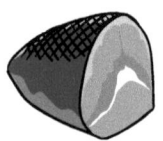

buhal teew

paja la mnyama

kaane biyeteeɗo sosison

salami

sosis

soseji

gertogal

kuku

defaɗum

choma

liingu

samaki

ndefu gabbe kuwakeer

oats ya uji

njilbundi abuwaan e gabbe godɗe

muesli

kornfelek

cornflakes

farin

unga

kurwasa

kroisanti

pe o le

andazi

mburu

mkate

mburu juɗaaɗo

mkate wa kubanika

mbiskit

biskuti

nebam boor

siagi

kosam kaaɗɗam

maziwa mgando

gato

keki

boccoonde

yai

moccoonde fasnaande

yai kukaanga

foromaas

jibini

kerem galaas

aiskrimu

suukara

sukari

njuumri

asali

teew nagge

jemu

nirkugol sokkola

kuenea kwa chokoleti

suppu kaane

mchuzi wa viungo

ngesa
shamba

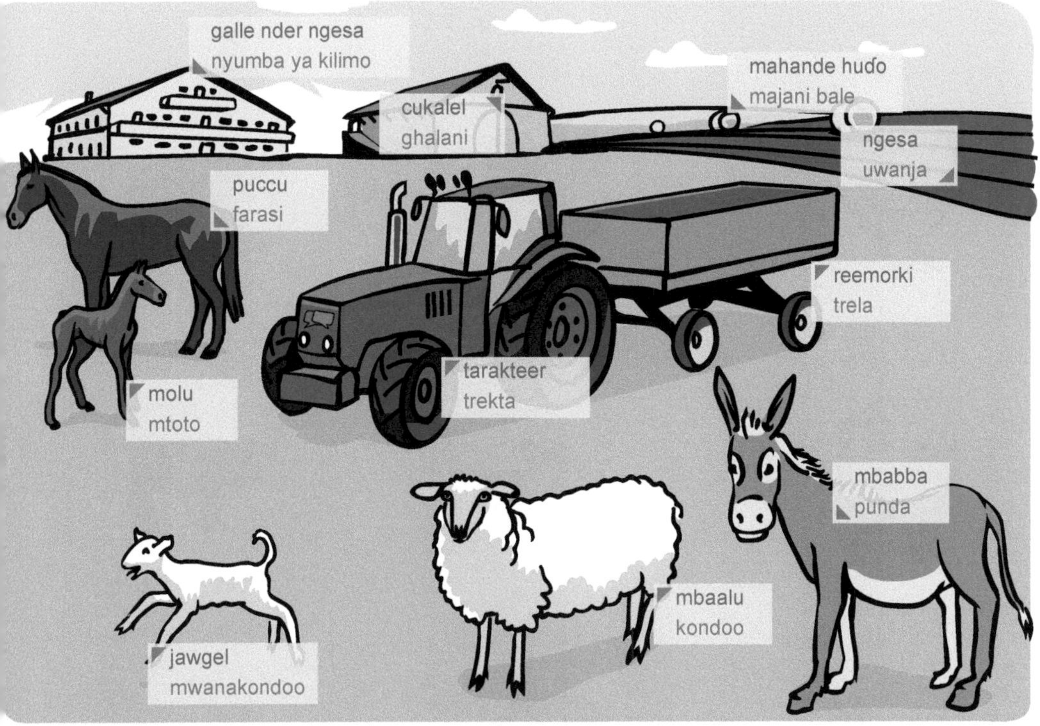
galle nder ngesa
nyumba ya kilimo
mahande huɗo
majani bale
cukalel
ghalani
ngesa
uwanja
puccu
farasi
reemorki
trela
molu
mtoto
tarakteer
trekta
mbabba
punda
mbaalu
kondoo
jawgel
mwanakondoo

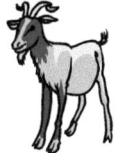

ndamdi

mbuzi

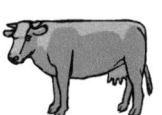

nagge

ng'ombe

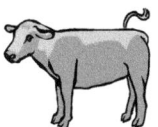

mbeewa

ndama

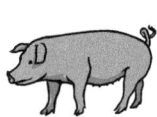

mbabba tugal

nguruwe

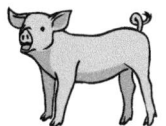

ɓingel mbabba tugal

mwananguruwe

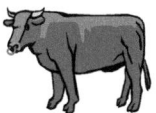

ngaari ladde

fahali

jarlal ladde

batabukini

gerlal

bata

cofel

kifaranga

jarlal

kuku

ngori

jogoo

doomburu

panya

ullundu

paka

doomburu

panya

nagge

ng'ombe

rawaandu

mbwa

nokku dawaaɗi

nyumba ya mbwa

tiwo sardin

bomba la bustani

doosirgal

debe la kumwagilia maji

wofdu mawndu

fyekeo

masinŋ demoowo

kulima

wofdu

mundu

coppirgal

jembe

rato

uma wa nyasi

hakkunde

shoka

buruwet

toroli

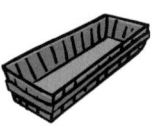

mbalka

kupitia nyimbo

kosam buwat

chombo cha maziwa

saak

gunia

kalasal galle

ua

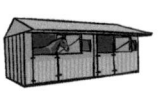

nokku pucci

imara

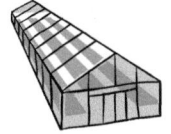

inexistant

chafu

leydi

udongo

abbere

mbegu

nguurtinooje leydi

mbolea

masinŋ coñirteeɗo

kivunaji

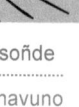

soñde

mavuno

soñde

mavuno

ñambi

viazi vikuu

bele

ngano

soja

soya

faatat

viazi

maka

mahindi

abbere lekki kolsa

rapa

lekki firwiiji

mti wa matunda

ñambi

muhogo

sereyaal

nafaka

galle
nyumba

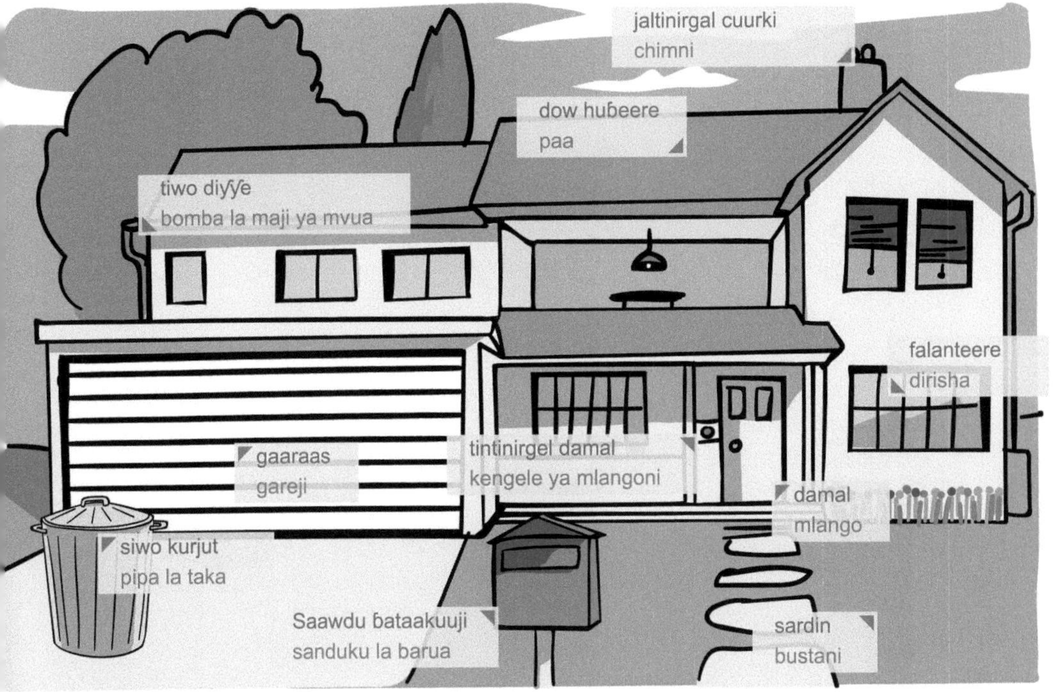

jaltinirgal cuurki
chimni
dow huɓeere
paa
tiwo diƴƴe
bomba la maji ya mvua
falanteere
dirisha
gaaraas
gareji
tintinirgel damal
kengele ya mlangoni
damal
mlango
siwo kurjut
pipa la taka
Saawdu ɓataakuuji
sanduku la barua
sardin
bustani

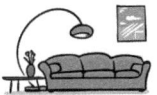

suudu yeewtere

sebuleni

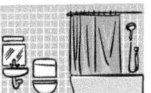

tarodde

bafu

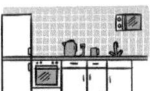

waañ

jikoni

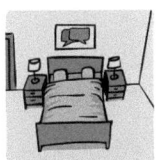

suudu waalduru

chumba cha kulala

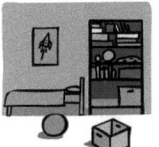

suudu sakaaɓe

chumba ya mtoto

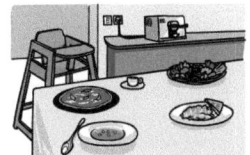

suudu hiraande

chumba cha kulia

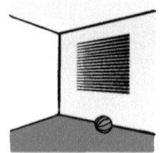

karawal
sakafu

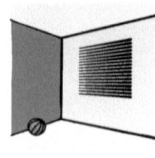

ɓalal
ukuta

asamaan suudu
dari

faawru
pishi

soona e ɗemngal farase
sauna

balko
roshani

teeraas
mtaro

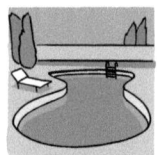

pisin
kidimbwi

keefoowo huɗo
mashine ya kukata nyasi

darap
karatasi

darap
kitambaa cha kupamba
kitanda

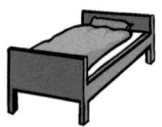

leeso
kitanda

pittirgal
ufagio

suwo
ndoo

ñifirgel
kubadili

32

galle - nyumba

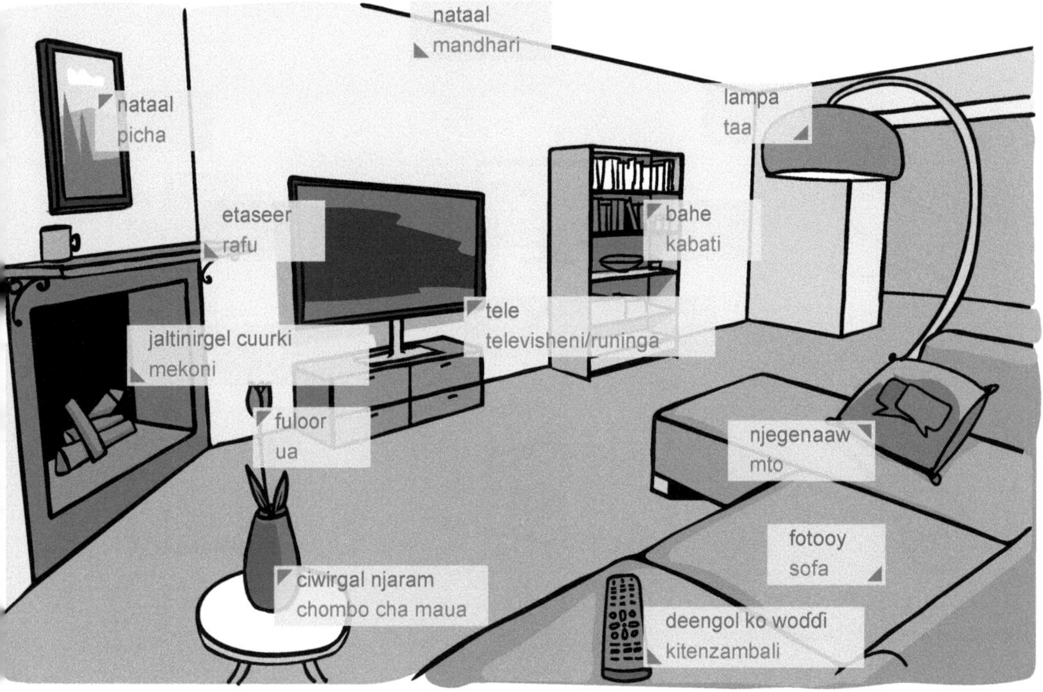

nataal
mandhari

nataal
picha

lampa
taa

etaseer
rafu

bahe
kabati

jaltinirgel cuurki
mekoni

tele
televisheni/runinga

fuloor
ua

njegenaaw
mto

fotooy
sofa

ciwirgal njaram
chombo cha maua

deengol ko woɗɗi
kitenzambali

tappi

zulia

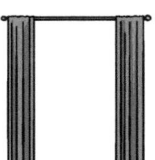

rido

pazia

taabal

meza

jooɗorgal

kiti

jooɗorgal timmungal

kiti cha bembea

jooɗorgal tuggateengal

armchair

deftere

kitabu

cuddirgal

blanketi

jooɗnugol

mapambo

leɗɗe kuɓɓateeɗe

kuni

filmo

filamu

materiyel hi-fi

kifaa cha hi-fi

coktirgal

ufunguo

kaayit kabaruuji

gazeti

pentirgol

uchoraji

posteer

bango

rajo

redio

teskorgel

daftari

boɗowel pusiyeer

kifyonza

kaktis

dungusi kakati

sondel

mshumaa

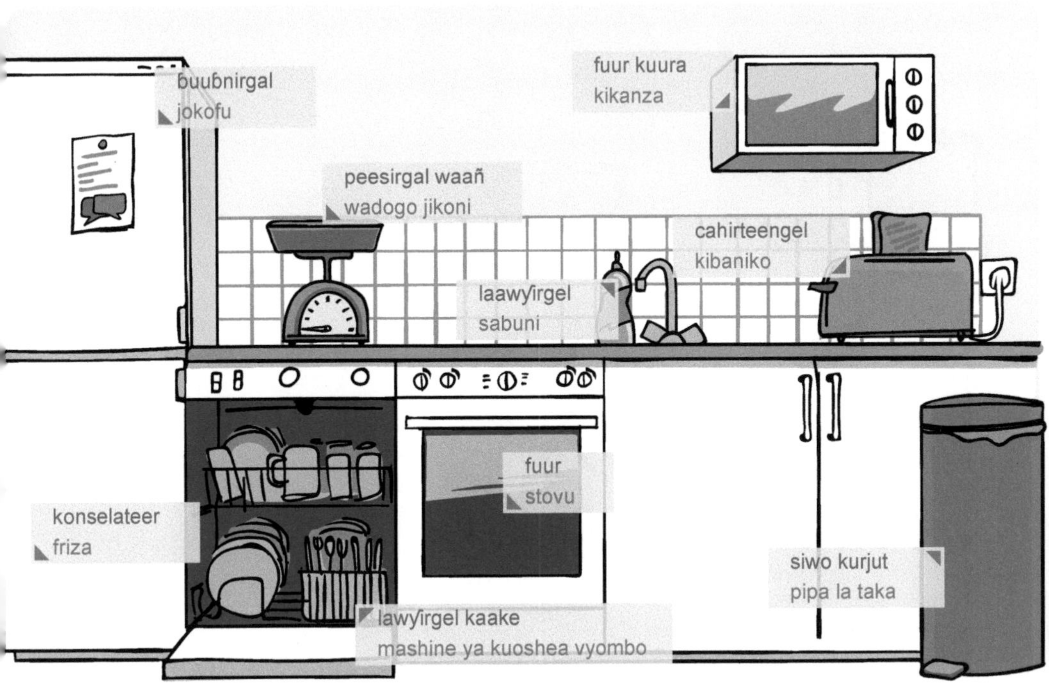

buubnirgal
jokofu

fuur kuura
kikanza

peesirgal waañ
wadogo jikoni

cahirteengel
kibaniko

laawyirgel
sabuni

konselateer
friza

fuur
stovu

siwo kurjut
pipa la taka

lawyirgel kaake
mashine ya kuoshea vyombo

fuurno

jiko la kupika

pot

chungu

barme

sufuria ya chuma

kasorol

wok / kadai

kasorol

kaango

satalla

birika

suppere defirteende

stima

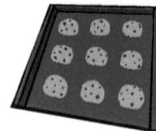

pool defirteeɗo

sinia ya kuoka

lawŷugol kaake

vyombo vya udongo

pot jarduɗo

kombe

suppeere

bakuli

ñiɓirgon ñaamdu

vijiti vya kulia

kuddu luus

ukawa

kayit ɗakirteeɗo

mwiko mpana

iirtude

burashi

ceɗirgel

kichujio

tame

chujio

keefirgel

mbuzi

moññirgal

chokaa

juɗgol

barbeque

jeyngol e henndu

moto wazi

coppirgal

ubao wa majaribio

degnirgel ñaamdu feewnateendu

kijiti cha kusukuma unga

udditirgel butel

kizibuo

buwaat

kopo

udditirgel buwat

inaweza kopo

nangirgel pot

kishikio cha chungu

siimtude

karo

boros

brashi

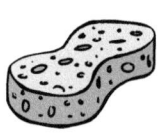

eppoos

sifongo

jiiɓirgel

kisagaji matunda

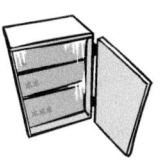

battowel galaas

friji ya kina

jardugel tiggu

chupa ya mtoto

robine

bomba

tarodde
bafu

gulnirgel suudo
joto
lootogol
mfereji wa kuogea
momtirgel
taulo
birnirgel lootorgal
pazia la kuogea
lootogol e ngufu
maji ya kuoga yenye povu
ngaska buftorteengo
hodhi
weer
glasi
masinŋ lootnoowo
mashine ya kuosha
robine
bomba
kette senge
vigae
potsamburu
poti
siimtude
karo

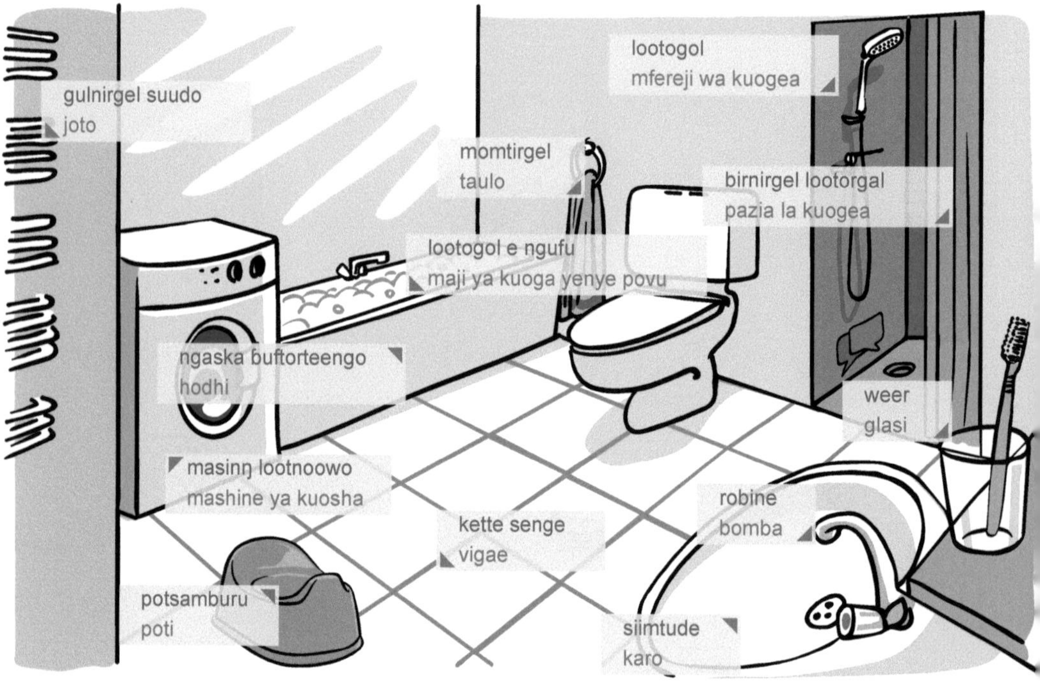

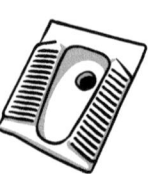

taarorde
choo

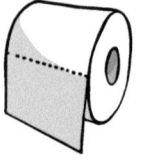

joɗorgal kuwirteengal
choo cha squat

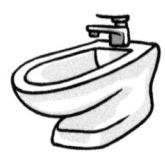

biisirgel ndiyam
beseni la mviringo

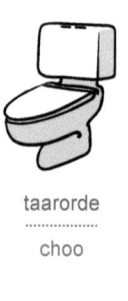

taarodde
choo cha umma

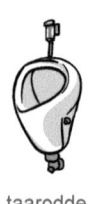

kaayit momtirɗo
shashi

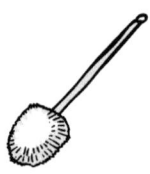

boros taarorde
brashi ya choo

coccorgal ŷiiye

mswaki

sabunde ŷiiye

dawa ya meno

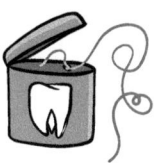

gaarowol ñiire

dawa ya meno

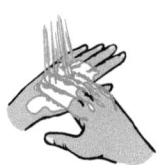

lawŷude

safisha

boggol lootirteengol

kuoga mkono

ɓuftogol

msukumo wa maji

loowirteengel

bonde

demirgel huɗo

mpako wa pili

sabunnde

sabuni

saabunde ɓuftorteende

jeli ya kuogea

sampoye

shampuu

limsere wiro

flana

ciiygol

toa maji

kerem

krimu

uurnirgel

kiondoa harufu

daandorgal

kioo

daandorgal pamoral

kioo mkono

pembirgel

kinyozi

ngufu pembol

povu la kunyoa

moomiteengel pembol

baada ya kunyoa

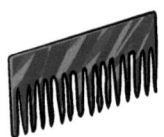

yeesoode

kichana

boros

brashi

joornirgel sukunndu

kikausha nywele

peewnirgel sukunndu

marashi ya nyewele

makiyaas

vipodozi

joodɗirgel toni

kidomwa

momtirgel cegeneeji

varnish ya msumari

garowol wiro

pamba

siso cegeneeji

mkasi wa kucha

parfon

manukato

waxande lootorgal

mkoba wa kuosha

kuudi

kinyesi

peesirgal

mizani

wutte cuftorteeɗo

nguo ya kuoga

gaŋuuji dalli

glavu za mpira

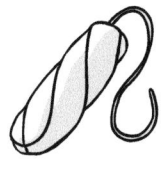

momtirer ƴiiƴam ella

kisodo

kuus tiggu

sodo

lootogol simik

kemikali choo

suudu sakaaɓe

chumba ya mtoto

pindinirgel
saa ya kengele
kullel fijirde
kidoli cha kupakata
oto pijirgel
gari bandia
dillere
kelele
galle pijirgel
chumba cha midoli
hannde
sasa

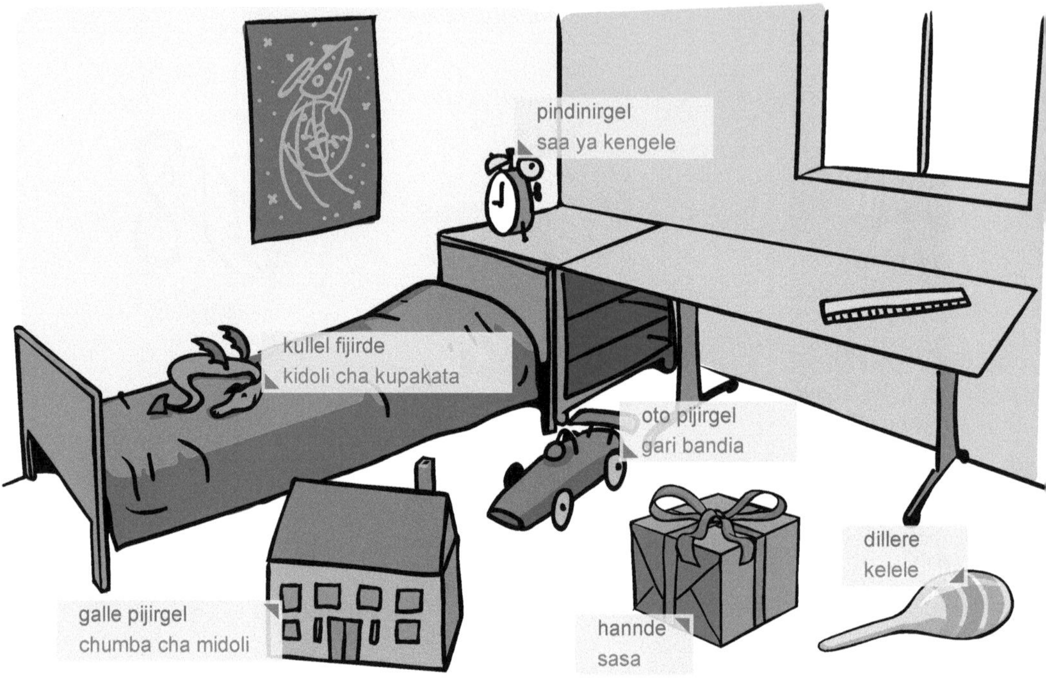

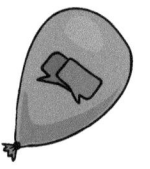

sumalle dalli

baluni

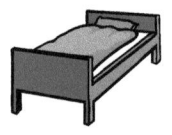

leeso

kitanda

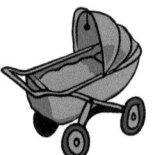

duñirgel tiggu

mashua

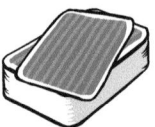

nokkere karte

staha ya kadi

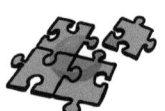

fijirde lombondirgol

mchezo-fumb

SUPER
MEGA

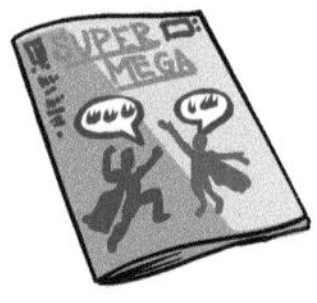

njalniika

vichekesho

pijirgel tuufeeje

matofali lego

tuufeeje

vitalu mwigo

pijirgel

hatua takwimu

comcol tiggu

suti ya kulalia

palaat diwwoow

kisahani

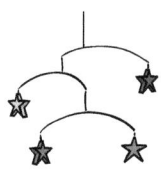

noddirgel

simu

pijirgel

ubao wa michezo

dee

kete

ñemtinirgel laana ndegoowa

garimoshi mwigo

neɗɗo fuuunti

dummy

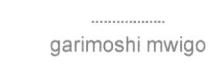

fijirde

chama

deftere nate

picha kitabu

bal

mpira

puppe

kikaragosi

fijde

kucheza

mbalka ceenal

shimo la mchanga

beeltirgal

bembea

pijirgel

vitu bandia

pijiteengel see widewo

kiweko cha video ya mchezo

welo biifi tati

baiskeli ya magurudumu

matatu

pijirgel kullel urs

mwanasesere

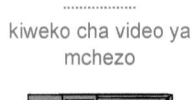

armuwaar

kabati

comcol

nguo

kawase

soksi

kawase

stokingi

tuubayon ɓittukon

kibano

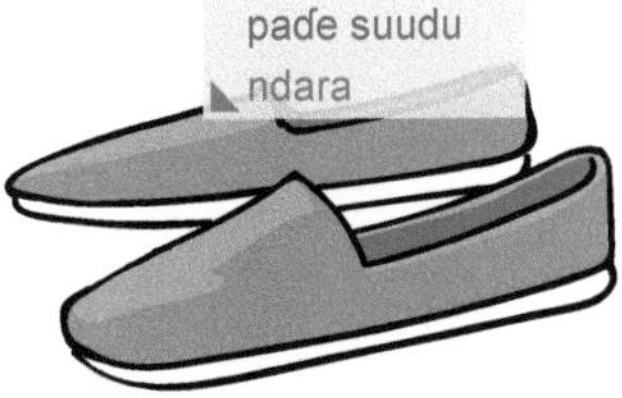

musuuro
skafu

paraseewal
mwavuli

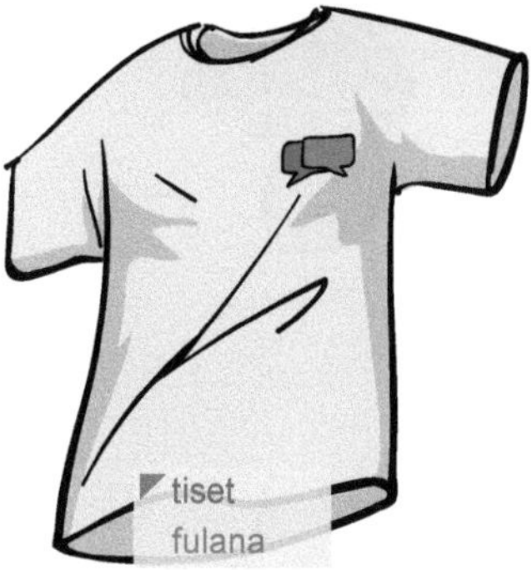

tiset
fulana

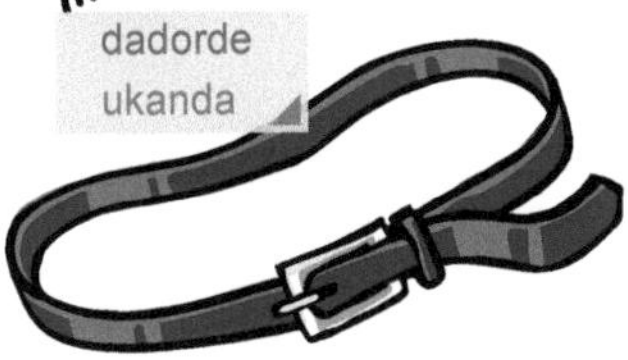

dadorde
ukanda

pade toowde
viatu

pade suudu
ndara

pade bokkateede
wakufunzi

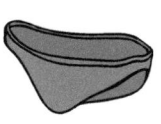

pade diwa
malapa

pade
viatu

padde toowde lirotoode
mabuti ya mpira

cakkirdi
suruali ya ndani

sucengors
sidiria

silet
fulana

banndu

mwili

tuuba

suruali

jiin

dangirizi

robbo

sketi

buluson

blauzi

simis

shati

piliweer

vuta

weste nebbu

sweta

layset

bleza

jaget

jaketi

weste juudɗo

koti

wutte toɓo

koti la mvua

kostim

maleba

robbo

gauni

robbo yange

mavazi ya harusi

weste

suti

wutte baalduɗo

vazi la usiku

pijama

pajama

sari

sari

muusooro

skafu

kaala

kilemba

kaala

burka

sabndoor

kaftan

abbaay

abaya

comcol lumbirogol

vazi la kuogelea

cakkirɗi

vazi la kiume la kuogelea

kilot

kaptura

joogin

teitei

limsere deffowo

aproni

gaŋuuji

glavu

boɗɗirgel

kifungo

lone

glasi

jawo

bangili

cakka

mkufu

feggere

pete

hootonde

herini

laafa

kofia

liggirgal weste

kiango cha koti

laafa

kofia

karawat

tai

zip

zipu

laafa ndeenka

kofia

ganŋ

kanda za suruali

comcol duɗal

sare za shule

iniform

sare

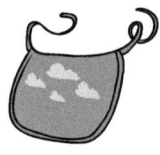

sarbetel daande

bibu

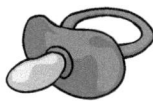

neɗɗo fuuunti

dummy

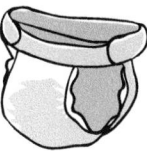

kuus

nepi

gollirgal
ofisi

serveer
seva
baxane doodiyeeji
kabati la kuweka faili
kaayit
karatasi
jaltinirgel kaayit
kichapishaji
ekaran
kiwambo
biro
dawati
suuri
kipanya
caawiirgel doosiyeeji
folda
tappirde
kibodi
vo kurjut
apu cha kuweka karatasi chafu
ordinateer
kompyuta
jooɗorgal
kiti

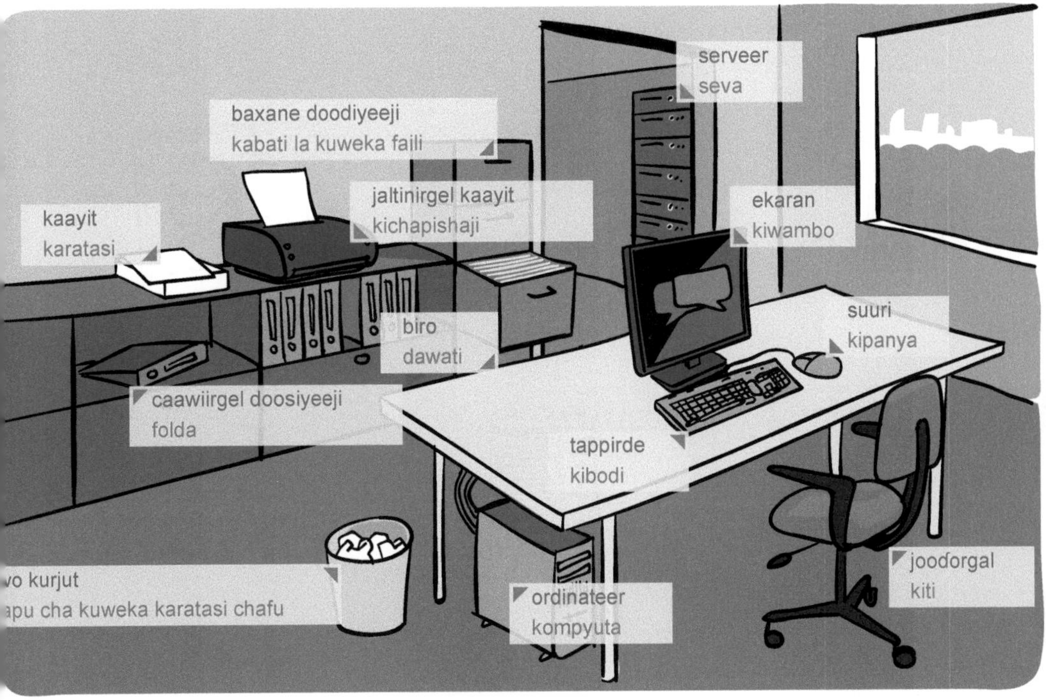

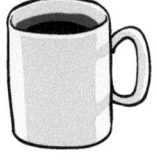

kuppu kafe

kmobe la kahawa

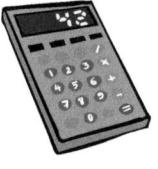

qiimorgal

kikokotoo

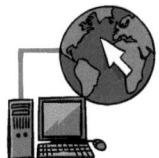

enternet

biashara

ordinateer beelnateeɗo

mbali

ɓataake

barua

ɓataake

ujumbe

noddirgel

rununu

reso

intaneti

cottitirgel

fotokopia

losisiyel

programu

noddirgel

simu

ceŋirgel ɓoggol kuura

soketi

masinŋ faks

kipepesi

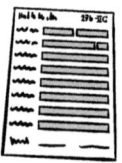

mbaadi

fomu

dokiman

hati

soodde

kununua

soodde

kulipa

yeyde

biashara

kaalis

fedha

dolaar

dola

eroo

yuro

yen

yeni

ruubal

rouble

faran Siwis

faranga ya Uswisi

yuwaan renminbi

renminbi yuan

rupii

rupia

masinŋ keestorɗo kaalis

eneo la kulipia

nokku beccugol e neldugol

ofisi ya ubadilishanaji

kanŋe

dhahabu

kaalis

fedha

esaans

mafuta

sembe

nishati

coggu

bei

kontara

mkataba

taks

kodi

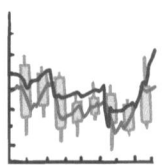

marsandiss moftaaɗo

bidhaa

gollude

kazi

gollinteeɗo

mfanyakazi

gollinoowo

mwajiri

isin

kiwanda

bitik

duka

haajuuji
kazi

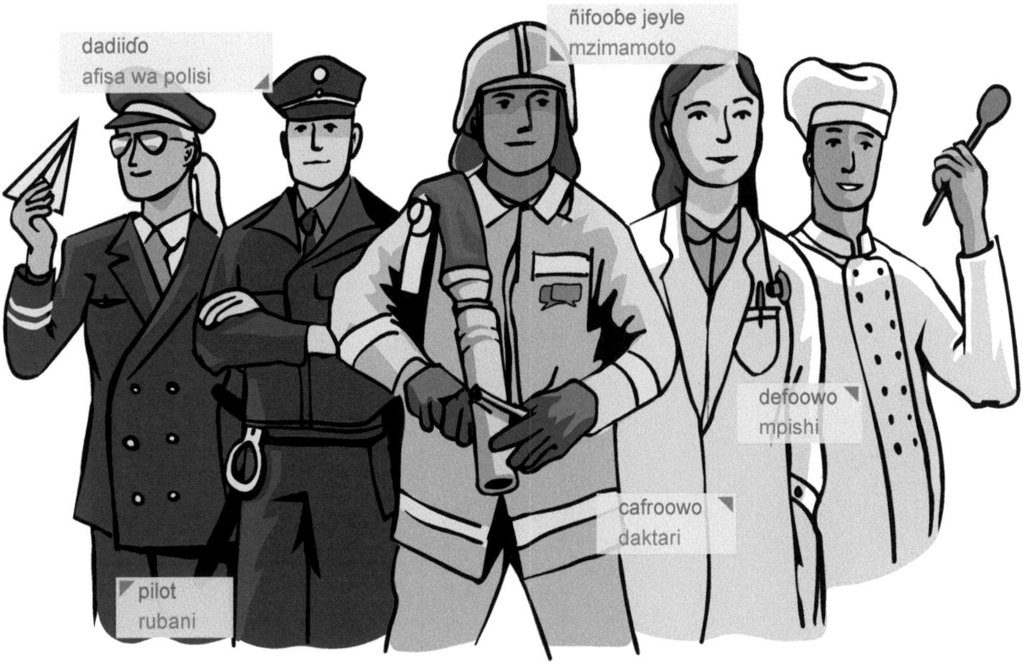
dadiiɗo
afisa wa polisi
ñifooɓe jeyle
mzimamoto
defoowo
mpishi
cafroowo
daktari
pilot
rubani

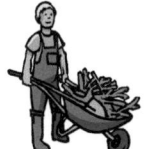

toppitiiɗo sardin

mtunza bustani

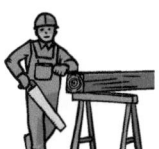

minise

seremala

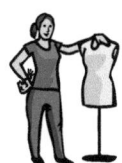

ñootoowo

mshonaji

ñaawoowo

hakimu

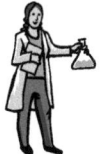

simist e ɗemngal farayse

mwanakemia

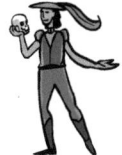

aktoor

muigizaji

dognoowo biis

dereva wa basi

dognoowo taksi

dereva wa teksi

gawoowo

mvuvi

pittoowo

mwanamke wa kusafisha

cengirɗe huɓeere

mwezekaji

carwoowo

mhudumu

daddoowo

mwindaji

pentiroowo

mchoraji

piyoowo mburu

mwokaji

gollowo kuura

umeme

mahoowo

mjenzi

enseñeer

mhandisi

jeyoowo teew keso

mchinjaji

polombiyer

fundi bomba

nawoowo ɓatakuuji

mwanaposta

kooninke

mwanajeshi

diidoowo ɓahanteeri

msanifu majengo

kestotooɗo

keshia

jeyoowo fuloraaji

muuza maua

mooroowo

msusi

dognoowo

kondakta

mekanisiyenŋ

mekanika

kapiteen

nahodha

cafroowo ƴiiƴe

daktari wa meno

miijotooɗo

mwanasayansi

kellifaaɗo diine to israayel

rabbi

imaam

imamu

muwaan e e ɗemngal farayse

mtawa

kellifaaɗo diine heerereeɓe

kasisi

kuutorɗe
zana

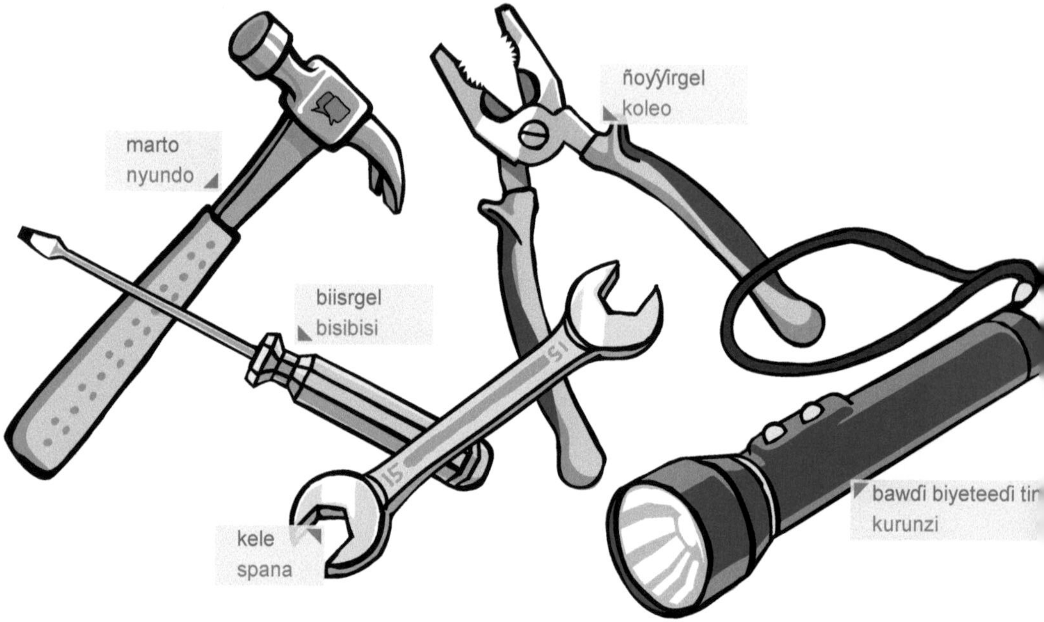

ñoyƴirgel
koleo
marto
nyundo
biisrgel
bisibisi
kele
spana
bawɗi biyeteeɗi tir
kurunzi

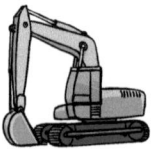

pikku

mchimbaji

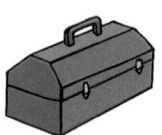

baxanel kaɓorɗe

sanduku la vifaa

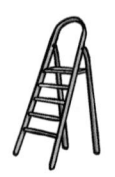

ŋabbirgal

ngazi

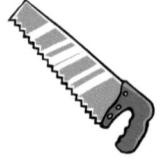

tayƴirgal

msumeno

ƴiɓirɗe

misumari

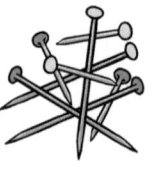

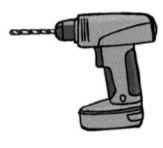

julirgal

kuchimba visima

fewnitde
kukarabati

nokkirgel
sepetu

Soo!
Lo!

ɓoftirgel kurjut
kishikio cha uchafu

pot penttiir
chungu cha rangi

wiisuuji
skurubu

kongirgon misik
ala za muziki

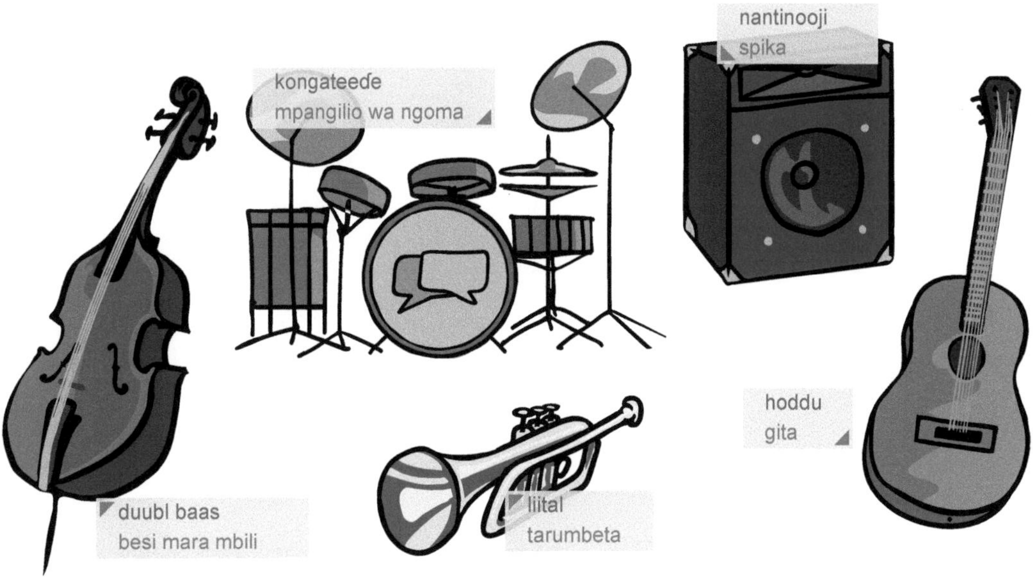

kongateeɗe
mpangilio wa ngoma

nantinooji
spika

duubl baas
besi mara mbili

liital
tarumbeta

hoddu
gita

piayaano

piano

wiyolon

fidla

baas

ubeji

bowɗi biyeteeɗi timpani

timpani

bawɗi

ngoma

tappirgal

kibodi

saksofoon

saksafoni

nguurdu

filimbi

mikoro

maikrofoni

nokku kullon

bustani ya wanyama

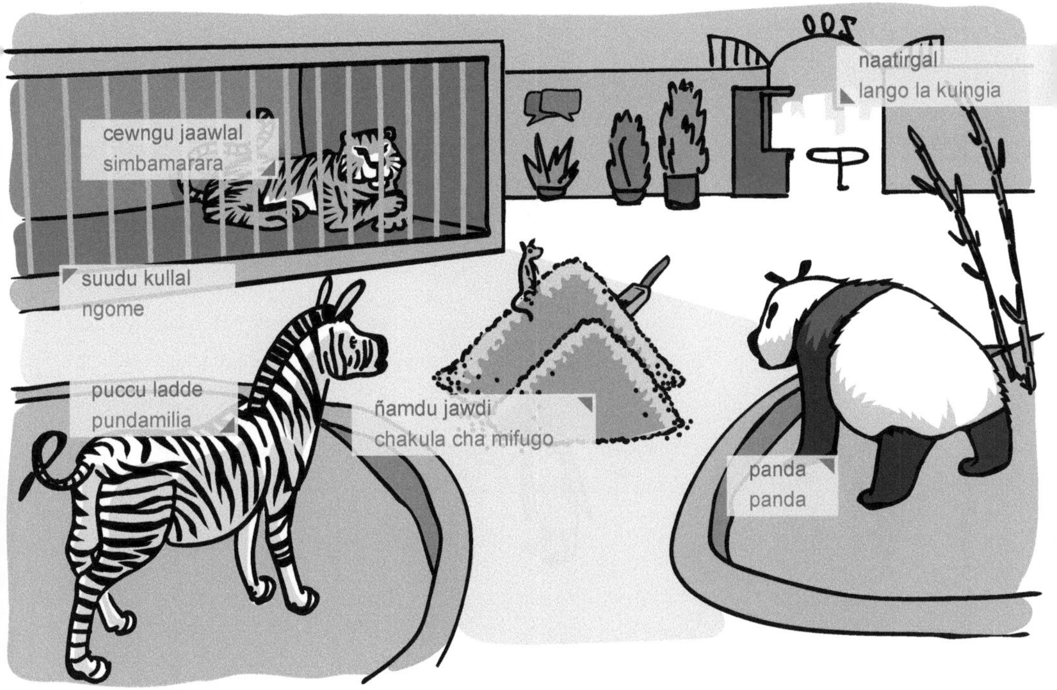

cewngu jaawlal
simbamarara
naatirgal
lango la kuingia
suudu kullal
ngome
puccu ladde
pundamilia
ñamdu jawdi
chakula cha mifugo
panda
panda

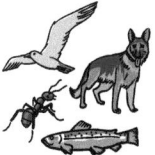

kulle

wanyama

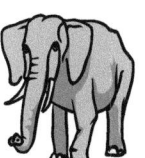

ñiiwa

tembo

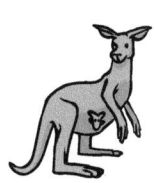

kanguru

kangaruu

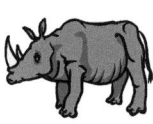

rinoseros

kifaru

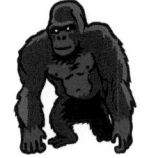

waandu mowndu

sokwe

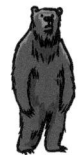

urs

dubu

ngelooba

ngamia

sundu ɓurndu mownude

mbuni

mbaroodi

simba

waandu

tumbili

ñaaral pural

heroe

seku

kasuku

urso galaas

dubu

liingu wiyeteendu penguwe

penguini

lingu reke

papa

ndiwri wiyeteendu pawon

tausi

laadoori

nyoka

nooro

mamba

deenoowo zoo

mtunza wanyama

togoori ndiyam wiyeteendu
fok e farayse

muhuri

cewngu

jaguar

molu

mwanafarasi

cewngu

chui

ngabu

kiboko

njabala

twiga

ciilal

tai

mbabba tugal

nguruwe mwitu

liingu

samaki

heende

kobe

kullal biyeteengal morse

sili

renaar

mbweha

lella

paa

Fuggukoyngel Amerknaaɓe
soka ya marekani

dognugol welo
uendeshaji baiskeli

tenis
tenisi

beysbol
mpira wa kikapu

lumbagol
kuogelea

boks
ndondi

fuggukoyngel e galaas
magongo ya barafuni

Fuggukoyngel

soka

badminton

vinyoya

atelettuuji

riadha

hanbol

mpira wa mikono

fijirɗe deggol e nees

skii

polo

polo

golle
shughuli

jalde
cheka
diwde
kuruka
ɓuucaade
kumbatia
yaade
kutembea
yimde
kuimba
hoyɗitaade
ota ndoto
juulde
kuomba
ɓuucaade
busu

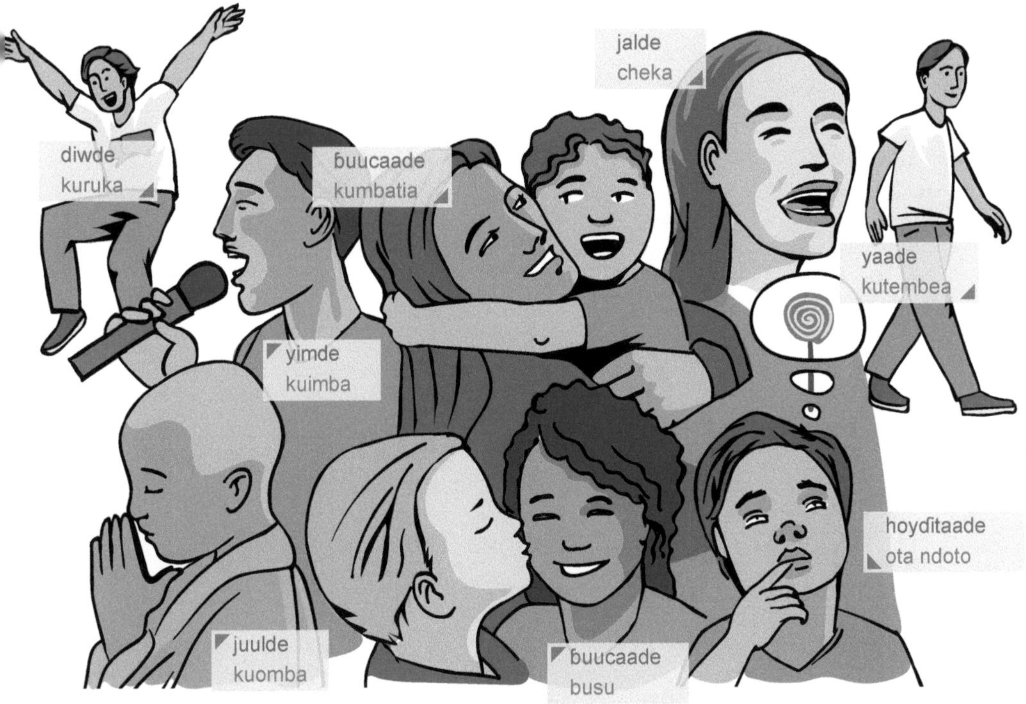

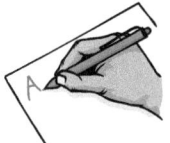

windude

kuandika

siifde

kuteka

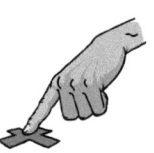

hollude

angalia

duñde

sukuma

rokkude

kutoa

ƴettude

kuchukua

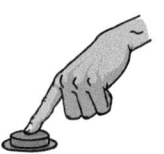

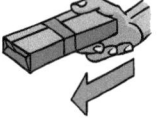

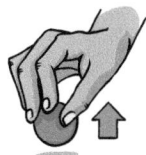

deñde

kuwa

wadde

fanya

wonde

kuwa

ummaade

kusimama

dogde

kukimbia

foodde

vuta

weddaade

kutupa

yande

kuanguka

fende

hadaa

sabbaade

kusubiri

roondaade

kubeba

joodaade

kukaa

boornaade

vaa nguo

daanaade

usingizi

finde

kuamka

ỹeewde

kuangalia

woyde

lia

helde

kiharusi

yeesaade

chana nywele

haalde

ongea

faamde

kuelewa

naamnaade

kuuliza

heɗaade

kusikiliza

yarde

kunywa

ñaamde

kula

hawrinde

nadhifisha

yiɗde

upendo

defde

mpishi

dognude

gari

diwde

kuruka

awyude
meli

qimaade
kokotoa

jangude
kusoma

jangude
kujifunza

gollude
kazi

resde
kuoa

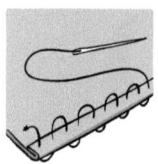

ñootde
kushona

soccaade ƴiiƴe
piga mswaki

warde
kuua

simmaade
moshi

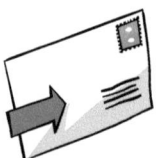

neldude
kutuma

taaniraaɗo debbo
bi

taaniraaɗo gorko
babu

baabiraaɗo
baba

yummiraaɗo
mama

tiggu
mtoto

biɗɗo debbo
binti

biɗɗo gorko
bin

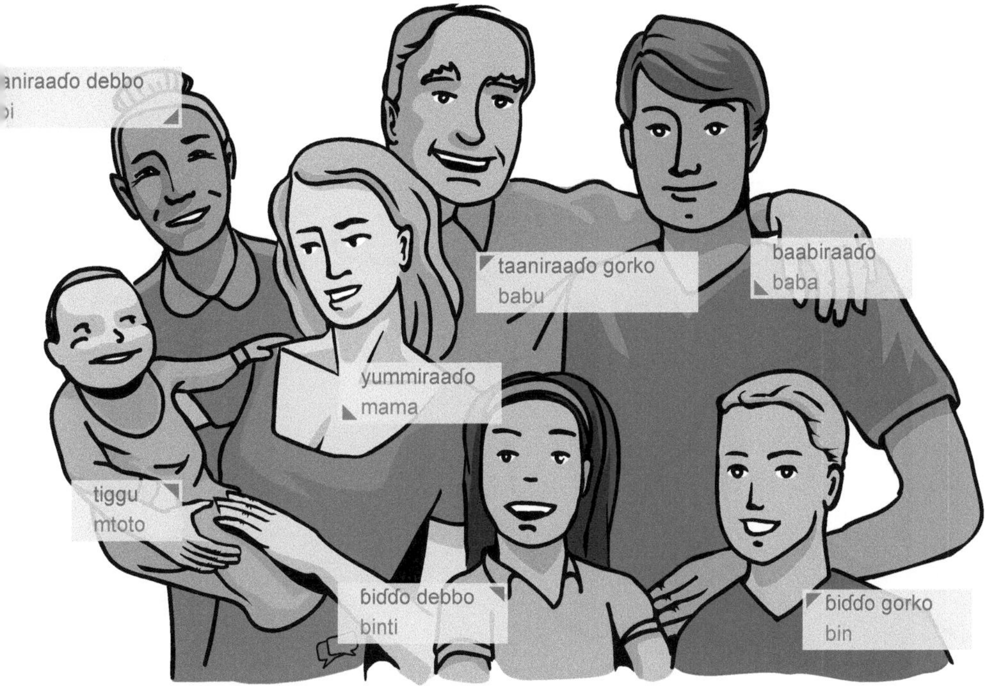

koɗo
mgeni

goggiraaɗo
shangazi

kaawiraaɗo
mjomba

mowniraaɗo gorko
kaka

mowniraaɗo debbo
dada

ɓandu

mwili

tiinde
paji la uso
yiitere
jicho
walabo
bega
feɗendu
kidole
yeeso
uso
waare
kidevu
jungo
mkono
koyngal
mguu
endu
matiti
jungo
mkono

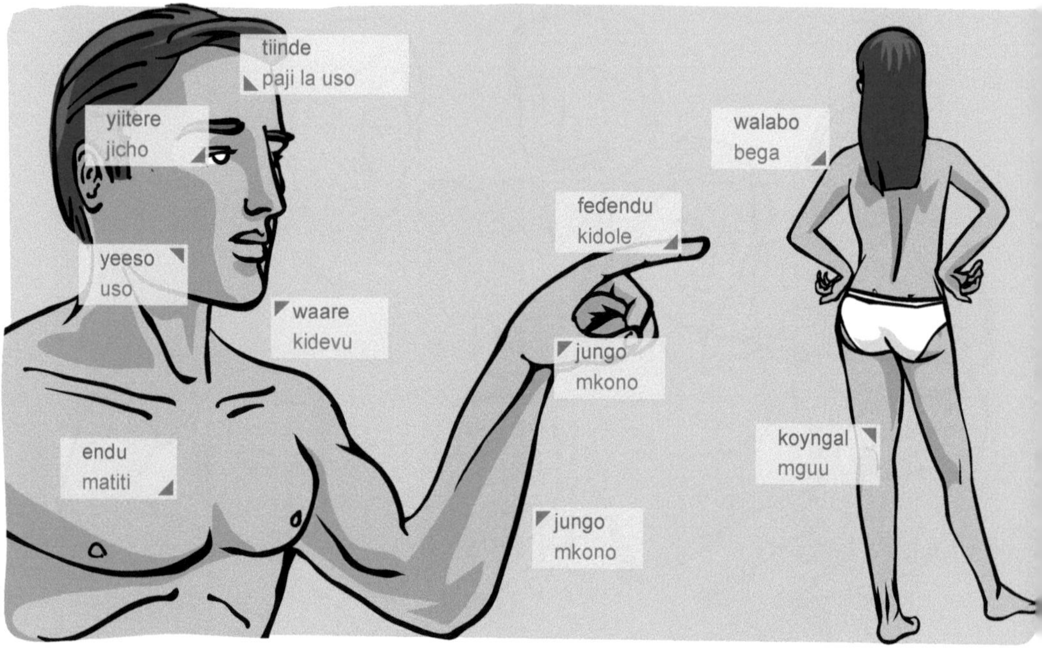

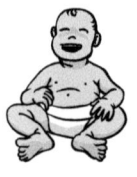

tiggu

mtoto

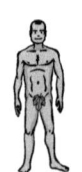

gorko

mwanamume

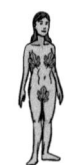

debbo

mwanamke

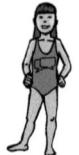

deftere kongoli

msichana

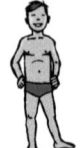

suka gorko

mvulana

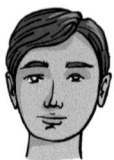

hoore

kichwa

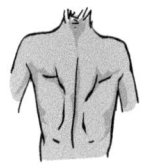

keeci

nyuma

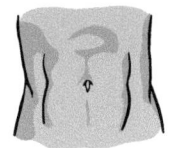

reedu

tumbo

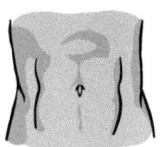

wuddu

kitovu

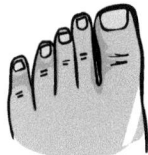

feɗendu koyngal

chano

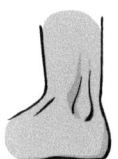

jabborgal

kisigino

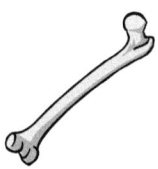

ƴiyal

mfupa

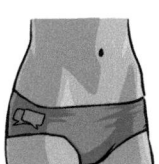

rotere

nyonga

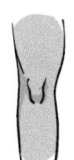

hofru

goti

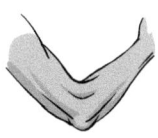

salndu junngu

kiwiko

hinere

pua

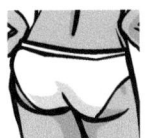

dote

chini

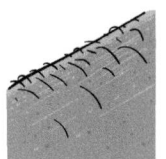

nguru

ngozi

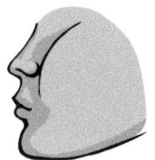

aɓɓulo

shavu

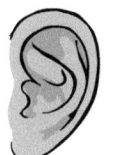

nofru

sikio

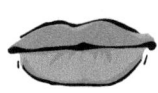

tonndu

mdomo

hunuko

kinywa

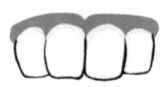

ñiire

jino

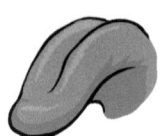

ɗemngal

ulimi

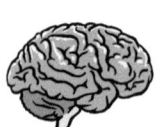

ngaandi

ubongo

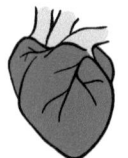

ɓernde

moyo

ƴiyal

misuli

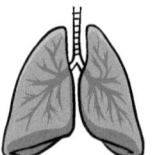

wecco

pafu

heeñere

ini

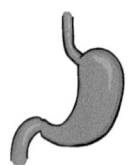

estoma

tumbo

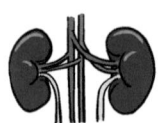

tekteki mawni

figo

terɗe

jinsia

laafa ndeenka

kondomu

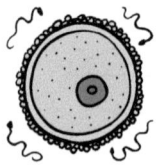

ɓoccoonde maniya

ovari

maniya

shahawa

reedu

mimba

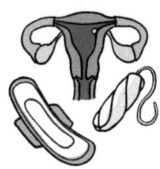

yiiyam ella
hedhi

farja
uke

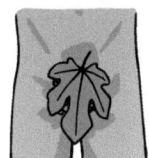

kaake
uume

leeɓi dow yiitere
unyusi

sukunndu
nywele

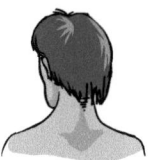

daande
shingo

suudu safirdu
hospitali

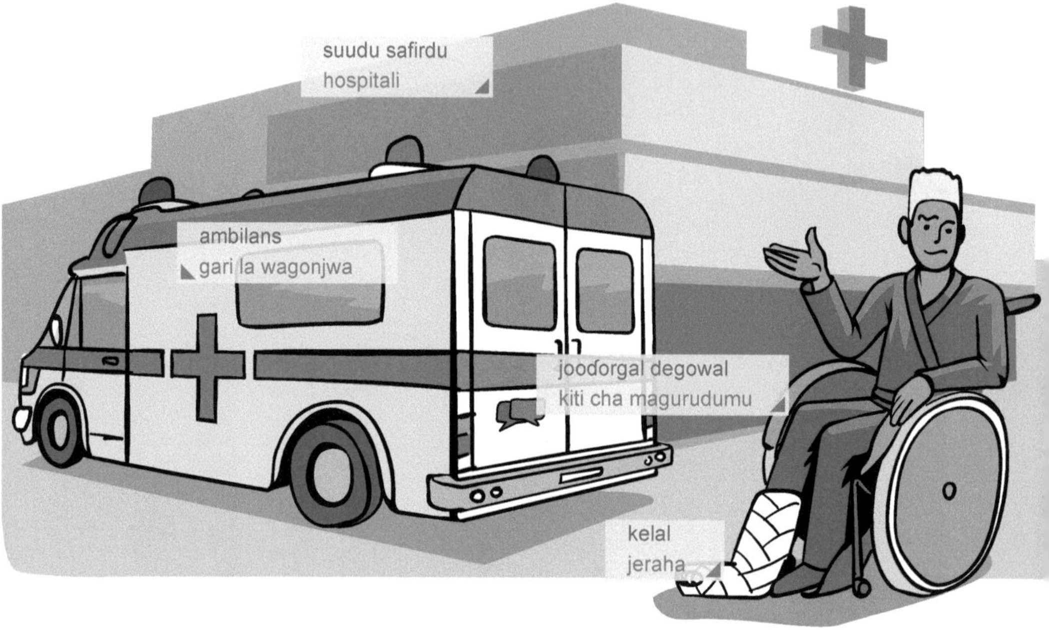

suudu safirdu
hospitali
ambilans
gari la wagonjwa
jooɗorgal degowal
kiti cha magurudumu
kelal
jeraha

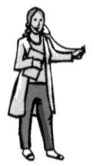

cafroowo
daktari

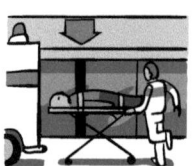

suudo irsaans
chumba cha dharura

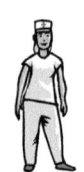

cafroowo
muuguzi

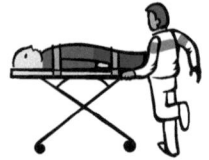

irsaans
dharura

paɗɗiiɗo
kupoteza fahamu

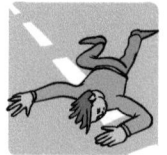

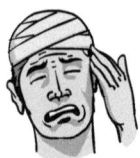

muuseeki
maumivu

gaañande

kuumia

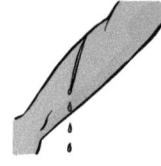

tuyƴude

kutokwa na damu

ɓernde dartiinde

mshtuko wa moyo

darogol ɓernde

kiharusi

alersi

mzio

ɗojjugol

kikohozi

nguleeki ɓandu

homa

maɓɓo

mafua

reedu dogooru

kuharisha

muuseeki hoore

maumivu ya kichwa

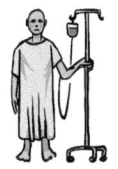

kanser

kansa

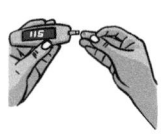

jabet

ugonjwa wa kisukari

operasiyon

daktari mpasuaji

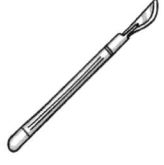

ceekirgel

kisu kidogo cha kupasulia

operasiyon

operesheni

CT

picha changanufu ya mwili

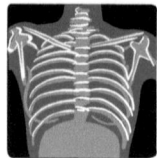

reyon-x

Eksrei

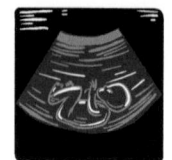

iltarason

mawimbi sauti

mask yeeso

barakoa ya uso

ñaw

ugonjwa

suudu sabbordu

chumba cha kusubiri

sawru tuggorgal

mkongojo

palatar

plasta

bandaas

bendeji

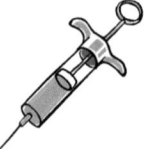

pikkitagol

sindano

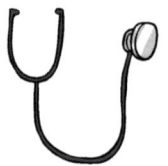

keɗirgel dille ɓandu

stetoskopu

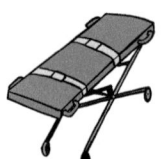

balankaaru

machela

betirgel nguleeki banndu

kipimajoto cha kliniki

jibinegol

kuzaliwa

ɓandu ɓurtundu

unene kupita kiasi

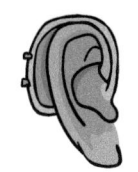

ɓallotirgel nonooje

kusikia misaada

desefektan

kipukusi

infeksiyon

maambukizi

viris

virusi

HIV / SIDA

VVU / UKIMWI

safaara

dawa

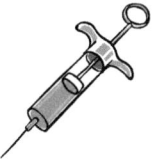

ñakko

chanjo

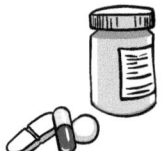

tabletuuji

vidonge

foɗɗere

kidonge

noddaango heñoraango

simu ya dharura

betirgel dogdu ƴiiƴam

haemodainamometa

sellaani / salli

mgonjwa / mwenye afya

Paaboɗe!

Msaada!

tintinirgel

kengele

jangol

pigo

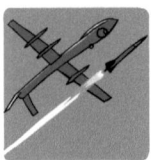

yande e

shambulizi

musiiba

hatari

damal dandirgal

lango la dharura

Paaboɗe!

Moto!

ñifirgel jeynge

kizima moto

aksida

ajali

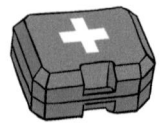

geɗe cafrorɗe gadane

vifaa vya huduma ya kwanza

BALLAL

wito wa msaada

Polis

polisi

Erop

Ulaya

Amerik to Rewo

Amerika ya Kaskazini

Amerik to Worgo

Amerika ya Kusini

Afiriki

Afrika

Asi

Asia

Ostarali

Australia

Atalantik

Atlantiki

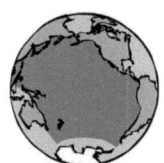

Pasifik

Pasifiki

Oseyan Enje

Bahari ya Hindi

Oseyan Antarktik

Bahari ya Antaktiki

Osean Arkatik

Bahari ya Aktiki

Bange Rewo

Ncha ya Kaskazini

Bange Worgo

Ncha ya Kusini

Antarktik

Antaktika

Leydi

dunia

leydi

nchi

maayo mawngo

bahari

wuro nder ndiyam

kisiwa

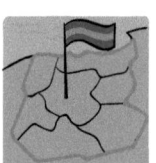

leydi

taifa

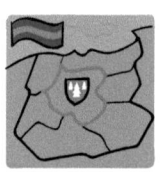

jamaanu

jimbo

yeeso montoor

uso wa saa

misalel waqtu

akrabu ya saa

misalel hojomaaji

akrabu ya dakika

misalel majanɗe

akrabu ya sekunde

Hol waqtu jonɗo?

Ni saa ngapi?

ñalawma

siku

saha

wakati

jooni

sasa

montoor disitaal

saa ya dijitali

hojom

dakika

waqtu

saa

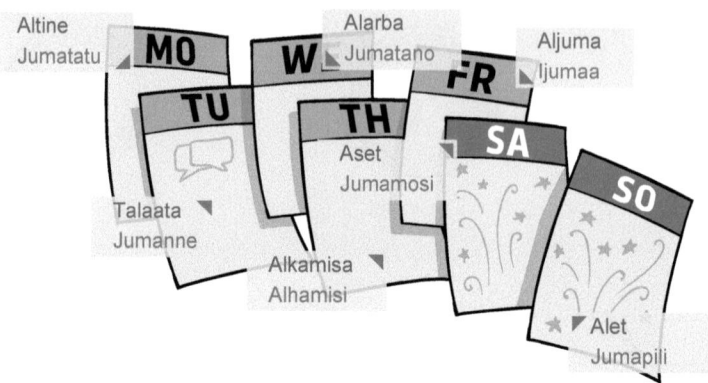

Altine Jumatatu — MO
Alarba Jumatano — W
Aljuma Ijumaa — FR
TU
TH — Aset Jumamosi
SA
Talaata Jumanne
Alkamisa Alhamisi
SO
Alet Jumapili

hanki
jana

hande
leo

jango
kesho

subaka
asubuhi

beetawe
saa sita mchana

kikiiɗe
jioni

ñalawmaaji golle
siku za biashara

ñalamaaji fooftere
mwishoni mwa wiki

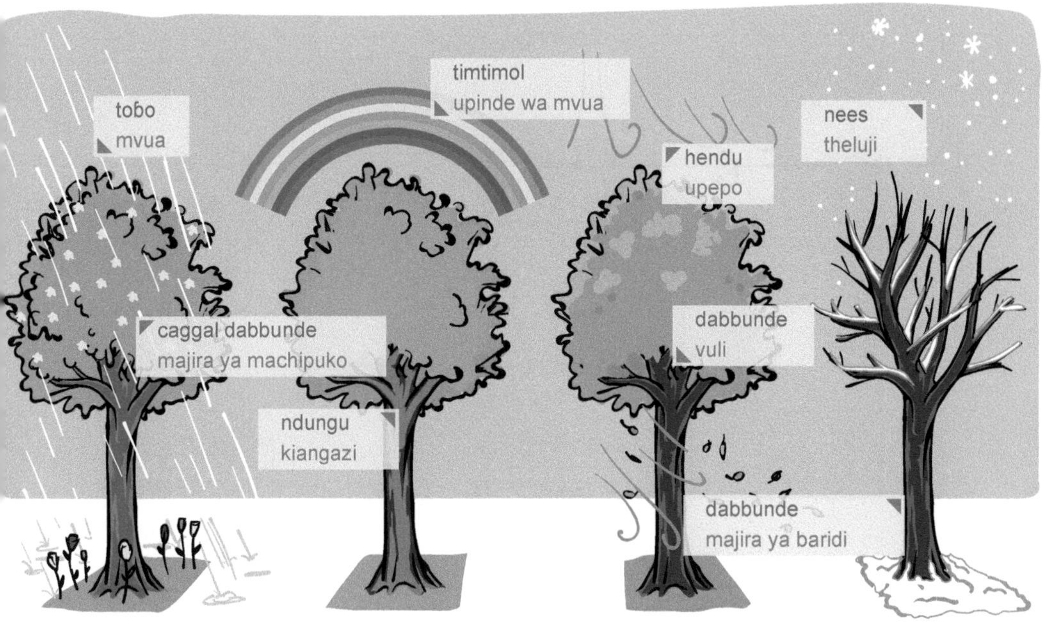

toɓo
mvua
timtimol
upinde wa mvua
hendu
upepo
nees
theluji
caggal dabbunde
majira ya machipuko
ndungu
kiangazi
dabbunde
vuli
dabbunde
majira ya baridi

4.APRIL 11°
5.APRIL 4°
6.APRIL 13°
7.APRIL 8°
8.APRIL 10°

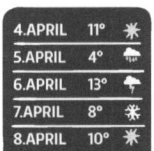

kabrugol geɗe weeyo
utabiri wa hali ya hewa

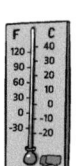

F
C
120
90
60
30
0
-30
40
30
20
10
0
-10
-20

ɓetirgal nguleeki
kipimajoto

nguleeki naange
mwanga wa jua

duulal
wingu

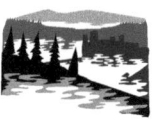

niɓɓere niwri
ukungu

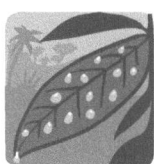

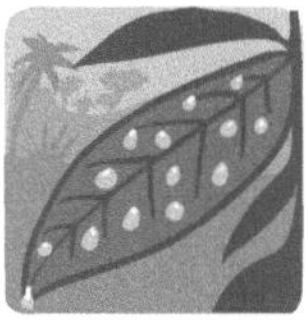

ɓuuɓol
unyevu

majaango

umeme

gidango

radi

hendu yaduungo e gidaali

dhoruba

toɓo mawngo

mvua ya mawe

keneeli mawɗi

monsuni

toɓo yooloongo

mafuriko

galaas

barafu

Janwiye

Januari

Feeviriye

Februari

Mars

Machi

Awril

Aprili

Me

Mei

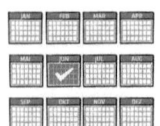

Suwe

Juni

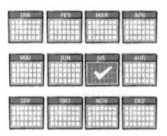

Suliye

Julai

Ut

Agosti

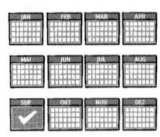

Setanbar
....
Septemba

Oktobar
....
Oktoba

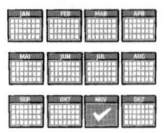

Noowambar
....
Novemba

Desambar
....
Desemba

Mbaadi
maumbo

taariɗum
....
mduara

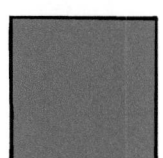

bangeeji potɗi
....
mraba

rektangal
....
mstatili

tiriyangal
....
pembetatu

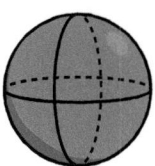

esfeer
....
nyanja

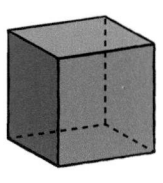

kib
....
mchemraba

deneejo

nyeupe

puro

manjano

oraas

chungwa

roos

rangi ya waridi

boɗeejo

nyekundu

yolet

hudhurungi

bulaajo

bluu

werte

kijani

baka

hanja

giri

jivujivu

ɓaleejo

nyeusi

heewi / famɗi

mengi / kidogo

mittinɗo / deeyɗo

hasira / pole

yooɗi / soofi

nzuri / mbaya

fuɗɗorde / gasirde

mwanzo / mwisho

mawni / famɗi

kubwa / ndogo

leeri / ɗibbiɗi

angavu / giza

mawniraaɗo gorko / debbo

kaka / dada

laaɓi / tulmi

safi / chafu

timmi / manki

kamilika / tokamilika

ñalawma / jamma

siku / usiku

mayi / wuuri

wafu / hai

yaaji / ɓitti

pana / nyembamba

ñaame / ñaametaake

kulika / kutolika

bonɗum / moyyi

ovu / ema

weelti / deeyi

sisimkwa / udhika

ɓutto / cewɗo

nene / nyembamba

gadiiɗo / cakkitiiɗo

kwanza / mwisho

sehil / gaño

rafiki / adui

heewi / ɓolɗi

jaa / tupu

tiiɗi / hoyi

ngumu / laini

teddi / hoyi

nzito / nyepesi

heege / ɗomka

njaa / kiu

sellaani / salli

mgonjwa / mwenye afya

dagaaki / dagi

haramu / kisheria

yoyi / yiyaani

akili / kijinga

ñaamo / nano

kushoto / kulia

ɓadi / woɗɗi

karibu / mbali

keso / kiidɗo

mpya / kutumika

haydara / huunde

kitu / jambo

nayeeji / suka

zee / changa

ne heen / ala heen

waka / zima

udditi / uddi

wazi / fungwa

deeyi / dilla

utulivu / kelele

galo / baasɗo

tajiri / masikini

feewi / feewaani

sahihi / kosa

tekki / ɗaati

mbaya / laini

suni / weelti

huzunika / furahia

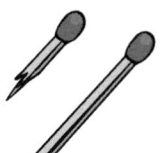

daɓbo / jutɗo

fupi /ndefu

leeli / yaawi

polepole / haraka

leppi / yoori

nyevu / kavu

wuli / ɓuuɓi

joto / baridi

hare / jam

vita / amani

0

meere

sufuri

1

goo

moja

2

ɗiɗi

mbili

3

tati

tatu

4

nay

nne

5

joy

tano

6

jeegom

sita

7

seeɗiɗi

saba

8

jeetati

nane

9

jeenay

tisa

10

sappo

kumi

11

sappo e goo

kumi na moja

12

sappo e ɗiɗi

kumi na mbili

13

sppo e tati

kumi na tatu

14

sappo e nay

kumi na nne

15

sappo e joy

kumi na tano

16

sappo e jeegom

kumi na sita

17

sappo e jeeɗiɗi

kumi na saba

18

sappo e jeetati

kumi na nane

19

sappo e jeenay

kumi na tisa

20

noogas

ishirini

100

teemedere

mia

1.000

ujunere

elfu

1.000.000

miliyonŋ

milioni

Angale

Kiingereza

Angale Amerik

Kiingereza cha Marekani

Mandare Siin

Kimandarini cha Uchina

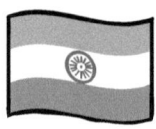

Indo

Kihindi

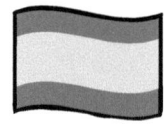

Español

Kihispania

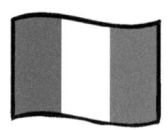

Farayse

Kifaransa

Arab

Kiarabu

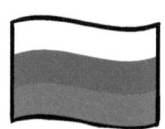

Riis

Kirusi

Portige

Kireno

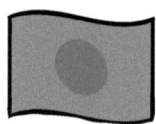

Bengali

Kibengali

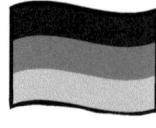

Alma

Kijerumani

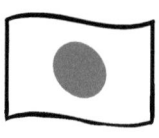

Sappone

Kijapani

miin

mimi

ann

wewe

♂ ♀ ○

kanŋko / kanŋko / kañum

yeye / yeye / ni

minen

sisi

onon

wewe

kamɓe

wao

holi oon?

nani?

hol ɗum?

nini?

hol no?

jinsi gani?

hol toon?

wapi?

mande?

lini?

HELLO, I AM

innde

jina

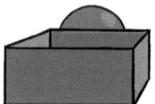

caggal

nyuma

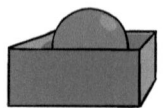

nder

katika

yeeso

mbele ya

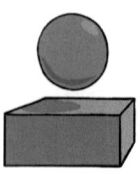

hedde

juu ya

dow

kwenye

les

chini ya

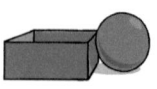

sara

kando

hakkunde

kati

nokku

mahali